La pentanalogie miroir du destin

五星能量術
與芳香療法全書

綠蒂亞‧波松 著

馬向陽 譯

第五篇
五角星的張力與界限

第六篇
附錄

神奇的五星能量術

　　我第一次向某位女士請教五星能量術，已經是很多年前的事了。此後五角星和它神奇的數字就一直讓我著迷，於是我接受了這方面的訓練。可是我從未想過，有一天會輪到我在這個領域教導他人並提供諮詢。

　　十五年前我開始教授第一堂課，為人提供服務。十五年來，我不斷聽到大家因為從五角星的幾個數字所看到的內容，而說出：「真是不可思議。」一直以來，我還觀察到我的學員，如何因為這個寶貴的知識，得以朝著豐富的精神領域邁進，獲得了更多的智慧、理解、同情與寬容。

　　對我而言，發現了五星能量術，可能是我生命中最重要的時刻之一……。它促使我研究如何才能了解自己，了解這個製造了那麼多痛苦、時常會對幸福的生活加以阻礙的自我；研究要以哪一種方式，才能做出中肯、有效的建議，最終有助於找到生命中的幸福並發揮自己的能力。

　　當我的第一本書《芳香療法能量學》出版之後，學員們立刻問我：「什麼時候會出關於五星能量術的書？」我的先生、兒子，還有出版社編輯也都問了同樣的問題。

　　我對五星能量術熱中的程度，不亞於芳香療法能量學與阿輪吠陀。此外，在我教學的時候，也很喜歡將這三項研究匯集在一起。不過我也看出來，過度使用像五星能量術這種類型學的研究、把人分類，可能會出現怎樣的危險：這麼做等

尋求自我是具有啟發性的旅程。
凡持續這項追尋的人必先失去自我，爾後才能找到自我，
先死而後生，進入地獄方能重返光明。
——義大利社會學家　阿貝隆尼（Francesco Alberoni）

於阻礙了進步，徒留刻板的印象。這個考慮讓我在下筆之前猶豫了很久。如果不是親友與學員的再三鼓勵，我可能永遠都不會寫這本書。

說到我個人的經歷：五星能量術讓我重生，讓我了解自己的任務，但同時也讓我了解自己的陰暗面。其後幫助我面對種種困境的，是冥想、心靈課程、學習自我發展、精油、具有千年歷史的阿輸吠陀生命哲學。可以說，五星能量術替我指出了道路，使我擁有更準確、更中肯的研究態度。

我希望藉由這本書，讀者能更加了解自己的行事方法、自身的角色與自我的性格，得以成長，發揮自己的能力，也能更健康。不過最重要的，是能在世上為幸福做出更多的貢獻。了解自己是需要勇氣的，要對自己下工夫，要能聆聽，要有對自己提出疑問的能力。任何一堂課或一本書，不管再怎麼深奧，只要我們還沒有準備好去看、去接受存有陰影與障礙的整個自我，就無法獲得蛻變的成果。

所有心靈學說的大師都知道，了解自己是進步的首要條件。學習五星能量術是蛻變與轉換的入門，它讓我們面對宇宙的法則，面對自我心理與心靈顯現出的模樣。而這些，就是在潛意識中塑造出我們這個人的要素。

綠蒂亞

第一篇
認識五星能量術

五星能量術是門古老的學問，它把人的性格分為九個原型。五星能量術引導精神的進化，幫助我們了解自己的機制。從出生的第一天開始，我們所處的環境就開始影響我們，創造出我們的價值、生活習慣、信仰以及思考模式。依循每個人五角星上記載的因果密碼，外界的能量會以各種不同的方式對我們產生作用，它也提供了改變，以及從療癒邁向解放的可能性。我們越了解自身的機制與設定，就越能意識到本身擁有的能量，也就能更容易掌握自己的命運。

五角星

　　五星能量術（pentanalogie）這個字，由希臘文的penta與logos組成；前者的意思是「五」，後者代表「古希臘時代的一切知識」。五角星的五個分支象徵直立的人體，展開的雙手與雙臂。

　　在不同的文化中，五角星具有以下的含意：

◆人類的力量。

◆解放自我的密碼。

◆個人的能力。

　　五角星由五個外在與五個內在方位所組成。

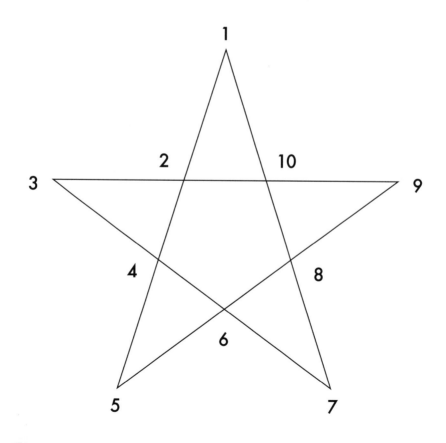

La pentanalogie miroir du destin

每個方位主持生命中專有的特性。每個人的數字組合以及特定數字會安置在哪個領域上，告訴我們個體會用什麼方式活出這一世。每個獨特的五角星都向我們指出找到答案的方法與可能性、度過人生的態度、遇到壓力時的應對方式，以及個體得以發揮的才能。

　　要建立個人的五角星，必須把出生日期的數字，依照特定的順序放在星星的各個部位——請看12頁「五星能量術的計算方式」。每個數字都有象徵意義，會在所處的特定領域發揮作用。

芳香療法與五星能量術

　　根據五角星的診斷並以精油進行修鍊，可說是讓個體進化最神奇的方法之一。五星能量術讓我們以恰當、特定的方式從事芳香療法，並且在使用大自然的香氣時，不會局限於一般的知識。因為五角星能讓我們看出潛意識的機制，正是這些機制構成了我們的病史。我們可以用以下的幾個例子來了解這個部分：

　　★ **五角星的第一方位沒有數字（請看107頁）**：可以解釋為五角星主人在生命中沒有明確的目標。潛藏的危險在於目標都是由他人訂定的，五角星主人不知道自己內心深處真正想要的是什麼。

　　大西洋雪松的精油在這種案例中很有用。就像獅子是萬獸之王一樣，雪松有如植物世界的首領。它的能量可以傳遞尊嚴與信念，提升做出選擇的能力。它帶來勇氣，有助於堅持自己的權利。

　　連續四十天，每天將一滴大西洋雪松精油抹在頂輪，可以讓五角星主人更清楚什麼是自己想要的，幫助他堅持自己的追求，給他必須的能量以完成他的使命。

　　★ **五角星中出現靜態數字1～6的張力（請看160頁）**：顯現出五角星主人在必須做出決定、選擇，或定出先後順序時，會產生很大的壓力。像這種情況，歐白芷根的精油能指出穩定扎根的方向，具有保持神經系統平衡的優點，傳達信念與自信。它的能量被導引至海底輪，重新調正了我們的中心，使得迷失在無數內心考量中的風險（但也可能不會發生）大為降低。

　　★ **五角星中出現靜態數字3～9的界限（請看179頁）**：指出極度活躍的心智狀態，但同時，這種組合也很難將權力託付給他人，因此自己通常會承受過多的責任。

　　結果就是五角星主人常常為頸椎、肩部斜方肌的疼痛與偏頭痛所苦。將乳香、欖香脂與豆蔻精油，擦在第五脈輪喉輪——喉部的下陷處以及頸椎處，有助於保持距離並公正地看待事物。

在接下來的章節中，有時會加入「芳香療法」的內容。不消多說，精油可能會有某些使用上的禁忌，所以如果想要安全而適宜地使用精油，參考更多的資料或接受這方面的課程訓練，不失為明智的做法。

使用精油沒有接收上的障礙，因為經由嗅覺，香味會直接進入大腦的邊緣系統，那兒有我們各種情緒記憶的「資料庫」。也可以隨身帶著精油瓶，這樣可以即時嗅聞一下。

五星能量術的計算方式

靜態數字

把西元出生年月日中的每個數字，去掉出生年的千位數與百位數，依序放在星星的每一個交點上，就能得出自己的五角星與「靜態數字」。靜態數字依照逆時鐘方向擺置。數字1放在五角星的頂點。靜態數字的位置絕對不會改變：數字1就放在下圖1的位置上，2就放在2的位置上，依此類推。

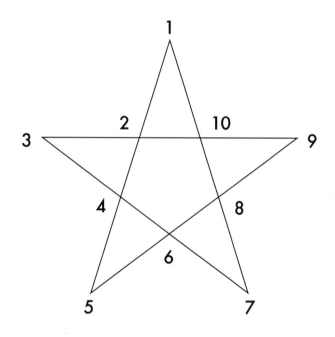

動態數字

至於動態數字，就要依照另一個方式，將出生年月日的數字放上去。首先仍然要去掉西元出生年的千位與百位數字。其次，在五角星頂點的第一方位，放上個人所屬類型的數字。動態數字要寫在括號內。

例如：1972年11月24日出生，把日期中所有的數字相加

$$1+9+7+2+1+1+2+4=27$$

它的總和代表成熟的年齡，也就是決定性的年齡，或是心智解放的年齡。到了這個時候，我們已經獲得了所有必須的經驗，進入成人的階段，去實現生命中的使命。

接下來把決定性年齡中的兩個數字相加，總數不能超過10

$$2+7=9$$

這個數字代表所屬五星能量術的類型。上面這個例子顯示的是第九型。

我們可以依據五星能量術分出九個類型，第二、第三、第四、第五、第六、第七、第八、第九，以及第十型。

根據上例，1972年11月24日得出下面這個五角星：

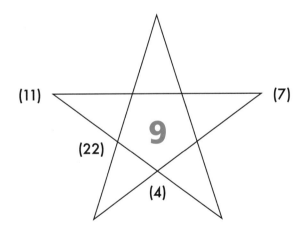

以下方式計算二十一世紀出生人士的五角星。

例如：2001年4月2日=20+1+4+2=決定性年齡27歲

九種類型的五角星動態數字排列方式

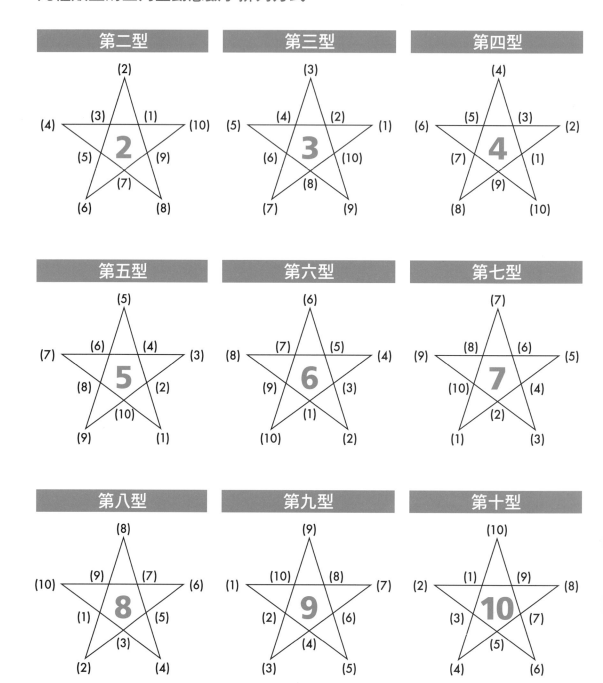

完整的五角星

1972.11.24
1+9+7+2+1+1+2+4=27
2+7=9

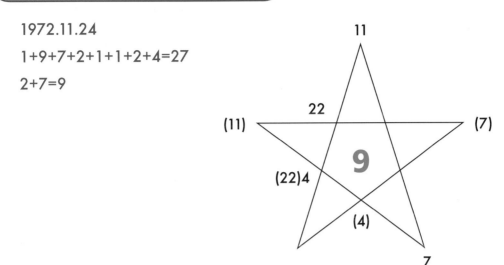

數字10在五角星裡的計算方式

數字10或0標示出命運中具有重要意義的轉向，代表所屬類型會隨著生命改變；也就是重要的變化、轉變。出生日期具有這個數字的人，他們的靈魂能在體現生命的過程中，改變好幾次。

例一：
出生日期 1977年10月18日
1+9+7+7+1+0+1+8=34（第一個決定性年齡）；3+4=7
五角星主人在第一個階段的生命中屬於第七型
把第一個決定性年齡加上10，就是第二個決定性年齡：34+10=44
五角星主人到了44歲，從第七類型變成第八型：4+4=8

例二：

出生日期 1977年10月20日

1+9+7+7+1+0+2+0=27（第一個決定性年齡）；2+7=9

五角星主人在第一個階段的生命中屬於第九型，但數字0在五角星中出現兩次，所以在體現生命的過程中，會有三個決定性年齡。

把第一個決定性年齡加上10，就是第二個決定性年齡：27+10=37

五角星主人到了37歲變成第十型。

把第二個決定性年齡加上10，就是第三個決定性年齡：37+10=47

五角星主人到了47歲變成第二型，直到生命結束。

如何畫出五角星

就能量與振動的層面來看，依照下圖的順序畫出五角星是很重要的事：

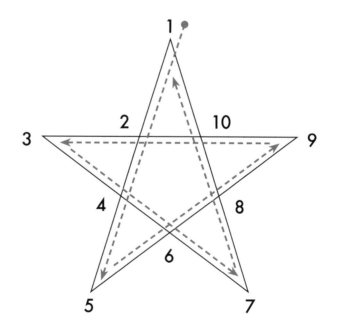

每個數字的性質

我們周圍的一切全部由數字組成。數字就像是鏡子，顯現出「實相的靈魂」。人的實相，經由名字與出生日期的數字表現出來——在這套編碼之中，存有人的命運、潛能，以及必須克服的阻礙。數字是「數量」的象徵符號。「數量」統領了過去的兩千年，它對數字的「性質」，以及性質所代表的精神含意多有損害。

曆法、數字與字母有著相同的起源。多虧了曆法，我們才能測量星辰與地球的規律、自然的週期、季節、生命的長度，以及時間的長短。歲月的週期始於出生日期，並以死亡日期告終。然而之前與之後是什麼呢？我們在這兒要認識的就是數字神聖的特性，它的精神價值。它是神性的象徵，把我們受到限制、肉眼所見與可觸摸的真相，和其他眼不能見、沒有任何限制的世界，連在一起。

數字的歷史幾乎等於人類出現與發展的歷史。五角星象徵人的轉世，顯示出確實的真相，不論這個真相是形體的、心理的或是精神上的。五角星由出生日期與姓名構成，在數字的祕密中，藏有圍繞著降生、死亡、轉變與重生的奧義。本書致力於以出生日期建構五角星，因為這是我們最重要的密碼。

研究五角星能夠就人的許多方面，做出迅速而準確的診斷，讓我們發現自己的潛能，以及無法逃避但必須克服的種種障礙，並指出戰勝這些障礙的必要工具。此外，它還能讓我們知道什麼是自己最重要的需求與價值觀。五角星為我們的「達瑪」（dharma）與「卡瑪」（karma）做出診斷：達瑪是延續生命、實現我們在世任務的理想藍圖；卡瑪引起並生出我們在命運中必須克服的障礙。理解五角星可以喚醒我們體內的術士，將我們的弱點與障礙轉變成優勢與長處。

第二篇
五星能量術的類型

五星能量術將我們分成九種類型，它們在性格、形體與精神上各不相同，每個類型都有自己的使命與才華。五角星中央的數字是我們的類型，指出我們的光芒，個人性格與才能的根源。每種類型以自己的方式面對生命中的各種面向。一切取決於五角星的每個方位，是以何種方式被「占據」。不同的方位，告訴我們什麼是自己生命的重心，哪些面向需要比較多的治療，哪些領域能發展出我們特有的才能……。

本篇將概述每個類型的通性，以及它們一般如何管理五角星的每個面向。

2 第二型

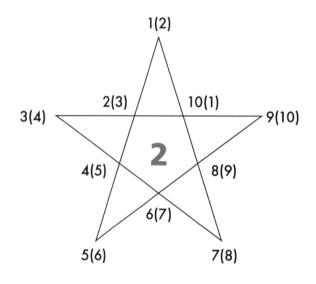

整體介紹

　　第二型通常具有豐富的靈感，具有創造性，很有自信，時時準備好開始新的計畫。五角星主人知道自己要的是什麼。對他來說，受到熱情的驅使進而征服周圍的一切，不過是場孩子玩的遊戲。雖然他也尋求與旁人合作的機會，但他會希望保有自己的獨立與自由。他很難接受別人的控制。儘管他有許多點子，但要將它們付諸實現時，常常會給他帶來困擾。執行過程就是他的難題之一。下達指令以產生新計畫對他而言很容易，而且他很樂於讓其他人來好好地完成計畫。第二型的人猶如短跑健將，隨時在起跑點上做好準備，可是長距離的競賽很快就會讓他筋疲力竭，他更喜歡從例行公事中逃開。五角星主人渴求改變以及多樣性，永遠不讓自己陷入無聊的狀態。他經常表現出興致勃勃的樣子，但也知道如何展現自己的權威。有時甚至讓人覺得他控制欲強烈、不太通情達理，甚至可以說是專制。

　　他的全副精神很少讓情緒打敗。擅於言辭的他，不流露出任何感受——感受的部分藏在智能的後面；令人難以捉摸也是他的特性。充滿夢想，或可說他是理

想主義者，極富魅力與誘惑力，機智是他維護自身價值、強調自己一切優點的武器。當周圍的人專心聆聽他說話的時候，會讓他覺得自己是個有用的人。雖然很難接受自己的弱點、很難相信別人，但他不記仇；不過他會讓他們知道，自己絕不會讓人嘲笑兩次。如果有人不識相，硬要戳他的難處，他會立刻發火，而且氣很久。由於他總是扛著某個必須實現的任務或目標，所以有的時候會很難看清自身所處的狀況。一隻腳始終跨在未來，以致很少享受眼前的時光。他有可能十分執拗、頑固，極為嚴苛。沒錯，他很難分辨黑白之間尚有微妙的色彩。

最深的恐懼就是處於遭到嘲笑、批評的處境，讓人認為他在智力上的表現不佳，或是心理上無法承擔自身的責任。這時，他通常會以爭論或辯解作為逃避的方式。他始終告訴自己，只要能在智力上做出實質的表現，就能獲得他人完全的敬重。

小心！如果第二型的人認為某人的才智表現優於自己，他會有高估此人的傾向，進而認為必須隱藏自己的缺點。通常這個面向會使他的處境變得複雜，並衍生出強烈的競爭心理。他是否感到快樂，完全取決於自己的表現。

優點：充滿激情與熱情、富有創造性、專注；通常他知道如何展現自己的見解；精確且很有方法。第二型常常能提出很好的建議與出色的計謀。

適合的職業：在替他人出謀策劃的職場中，通常能看到第二型的人。這樣的職務如心理醫生、企業理財專員、運動教練等。由於他具有整合的能力，所以科學或醫學的領域也能成為他的職場。

❦對待目標的方法（第一方位）

他會在定下目標之後，又把它重新拿出來討論，不斷做出新的決定。由於他渴望在「智力」的領域獲得認同，所以他會試著猜想別人在這方面的要求，隨即提出結論。這種表現來自於謹慎、預防出錯的天性，一舉一動通常都經過慎重的考慮。他的目標是持續不斷地發展知性的才能，他認為唯有如此才能成功地給他人留下深刻的印象。他必須學會判斷：所謂目標，是真正屬於他自己的目標，還是周圍的人

指使他達成的目標——尤其是來自他的生活伴侶。他會把所有定下的目標，都經過事先的分析、合成、研究、衡量……。這種過度分析的意識，使五角星主人培養出對完美的喜好，可是也因此失去了信心。所以有的時候目標會停留在理論的階段，不會付諸實行。如果五角星中沒有數字1，這個面向就會更明顯。

✾ 思考與分析的方法（第二方位）

五角星主人依據視覺的記憶制定思考的方式。第二型的人像兒童一樣看待事物，創造自己的心靈圖表。主導性的母親形象所擁有的生活形態，會使他不自覺地受到驅使，追求與它相同，或正好相反的生活形態。後者會使他變得偏頗，為自己衍生出不少障礙。母親的關注對他而言十分重要，但同時也給他帶來不少沮喪與挫折。他無論如何都想避免失敗，所以可能會高估成功的價值。這一點會持續不斷地讓他緊張。他的心靈圖像很依賴兒童時代、母親這個形體的情緒狀態。第二型的人希望自己絕對不要和母親相似。然而他沒有意識到自己經常會採用母親的行為模式。他可以做出非常好的建議，幫助他人審視智能機制，這麼一來也能讓他獲得全面的視野，不再一味想著要做出與母親完全不同的事，因為那樣會製造出許多壓力與內在衝突，故而也帶來了痛苦。

✾ 行動、溝通與落實的方式（第三方位）

在恰到好處的時刻與地點，做出恰到好處的行動——進化後的第二型就握有這個訣竅。如果他能發展自己在觀察上的天賦，他就能認出自己享有的運氣與機會。為此，他得擴展自己的視野，嚴謹地分析自己的信念與信仰。唯有接受其他種類的思考模式、不必一切都得自己插手、揚棄必須「說服」所有人走上「正確」之路的信念，並且平等對待他人，他才有辦法實現自己的想法。一般而言，第二型的人只有在感到自己已經融入環境當中，而且在精神、智力與情緒方面都很融洽時，才會開始溝通與行動。只有在這種情況下他才能放心。

他的紀律、堅持、適應力、他對安全感的需求（第四方位）

他為各種社交上的要求犧牲很多時間，並且經常為他人服務，因為他想在社會文化的領域擁有更好的評價。由於他一直想要受到認可，所以使他常常必須仰賴他人。如果他是真誠的、能捍衛自己最深刻的信念、知道如何展現慷慨的一面，他就能獲得群體的共鳴。他非常需要安全感，可是卻不斷給自己製造恐懼，結果妨礙了自己的進化，無法繼續向前。為了他的進步，他必須認清自己的焦慮，並發展出更多的信心與誠意。

對人際關係的需求與態度（第五方位）

要煽動第二型的人很簡單，因為他認為自己必須藉由完美的表現來發光。兒童時代他就遇過「對手」，他知道只有「最強的」那個才能吸引眾人目光。可是，在任何情況下都必須模仿「強人」或「女強人」的感覺，可能會為他造成損害，時間一長也很累人。因此只要他在職場、感情與家庭各方面，一心追求完美的話，過勞與疲憊就會一直跟著他。他可能會覺得自己淹沒在各種人際關係當中，並產生出逃跑的欲望。

他喜歡和團體工作，但也同樣樂意成為團體的領袖。他想要幫助他人，但同時也會提出強勢的個人意見。他通常會選擇教書、政治或企業主管這方面的職業。這樣他會覺得自己對其他人有控制力，才能「把事情做好」。

家庭關係、對物質的態度、再生能力及生命的能量（第六方位）

第二型的父母，通常在性格上缺乏輕鬆的態度，理性大於關愛；這種情況時常發生在第二型出生前後，但他們當然是可以進化的。由於這種兒童時期的緊張情緒，使他常常會生出「生活並不容易」的想法。因此他一般會和家庭保持距離，但同時

又懷著必須把「所有人」視為己任的想法。他會擔心家庭的生計，覺得家人的表現過於被動。他渴望對家庭有所助益，但後來又發現自己幫不上什麼忙。大部分的時候他會覺得家人態度消極，得不到滿足。

這時，「享樂」與追尋愉悅的需求，就有可能會變成強制性的要求，縈繞在他的心中，並生出什麼都要嘗試的狂熱欲望，甚至到毫無節制的地步。生怕錯過了什麼的想法，讓他到處都要參一腳。第二型嚮往美好的生活，不論從哪一方面而言。在最好的情況下，這種渴望會以豐沛的幽默感與十足的魅力表現出來，顯示五角星主人知道如何享受美好的事物。至於在其他的情況下，相同的渴望就有可能表現成幻想破滅、恐懼或持續的等待。

❀個人特性與身分認同（第七方位）

熱愛生命的人將會受到眷顧，宇宙會給他所有的自由。這個信念可以讓五角星主人重拾更多生命的喜悅與樂趣。生命提供無數的機會，但只有知道如何享受運氣的人，才能盡情擁有輕鬆的快感。第二型的人時常在尋求把自己從某些責任感或苦差事中，解放出來的可能性。他有可能會傾向「犧牲」自己的喜好與樂趣，只希望能因此獲得周遭人們的敬重與欣賞。他應該學著認識自己的特性，實現自己的想法與願望。要達成這個目標，他必須擁有更多的信心，並且發現若能清楚地表達自我，可以擁有多大的好處。相反的情況，則是五角星主人寧願逃進無關緊要的樂趣與依賴之中，像是大採購、巧克力、大麻、性⋯⋯。

❀面對愛情與伴侶關係的態度（第八方位）

第二型必須學習認清自己的優點與美德，否則他會傾向根據自認為擁有的弱點或缺陷選擇伴侶，這樣他會覺得可以減少「自己的缺點」。第二型的女性一心希望藉由另一半來改變自己的生活，因此她會竭力幫助他、支持他，有時會忽略了自己的事業與成就。只要能意識到這一點，並且發現自己在職場上若有出色的表現，能讓

La pentanalogie miroir du destin

她在他人的眼中更有吸引力，她就能更有自信，還能在伴侶關係中更能表現自我。她的進化能把自己從「必須扮演傳統的角色」，以及「如果犧牲自己的事業另一半會更欣賞她」的想法當中解放出來。這一類型的女性，有時甚至會付出全副心力，只為了另一半在職場上獲取成就、提高社會地位。她偏好非常具有「男子氣概」的男性，他們不太溝通，尋求脫離女性的束縛。可是這會使她感到絕望，因為她不知道如何才能拉近彼此的距離。一旦分開，世界可能會就此崩潰，以往對孤獨的恐懼又重新出現。對她而言，重新找到目標並保有必要的獨立，是很重要的事。

　　第二型的男性對愛情通常持有矛盾的態度。一方面他期待伴侶在愛情關係裡扮演傳統的角色，也就是典型的主婦，充滿愛意又宿命；另一方面他又喜歡「厲害的」女性，獨立、聰明、人見人愛。這類男性期待妻子能在事業上陪伴自己、支持自己，但她不能太出鋒頭。

學習與吸收知識的方法，感興趣的事物（第九方位）

能夠強迫第二型改變思想結構的，通常是「災難」。他的思想結構隨著生命中的「男人」：父親、丈夫、兒子、兄弟……搖擺不定。由於他經常會槓上那些不太說出未來計畫的男人，所以他可能會覺得「受夠了」那些人突如其來的決定。他認為自己應該承受由他們的想法所造成的結果。他的改變通常「聽命於」男人。所以他最好要能意識到自己的權力與力量。這樣一來，他就比較容易掌握生命賦予他的好運與機會，並認清自己真正的興趣。如此也就能掌握命運，改變視野、信念與信心。如果他能從教訓中學習經驗，而不是產生出受害者的心態，他可以成為出色的顧問。

使命與任務的完成（第十方位）

第二型的女性會順從男性的權力與消極。男人不喜歡的事不做，她就代替他做。她知道如何引起他的興趣、鼓勵他、消除他的煩惱。她在生活中顯得堅韌而嚴

峻，大家都說她的另一半多麼迷人，他的表現受到讚揚，而她待在他的身後。同樣地，她應該認識自己的價值，不要以為只能藉由伴侶來獲得肯定。等到哪一天她能真正了解生命在各種層面上的平等之後，她就能綻放光芒，為伴侶間的幸福做出更多的貢獻。第二型的男性渴望獨立做出決定，坐在權力的位置上，這樣他覺得可以保有自由。他喜歡當個領導者，可以下達指令與規條。他樂於扮演大家長的角色，慷慨地對待所有喜愛他與仰慕他的人。這種「公眾」的角色是他的最愛，他追求各種層面的肯定。他很難服從別人，結果就是他把大部分的時間都放在單獨行動上。天生具有魅力的他，知道如何吸引那些缺乏信念、無法做出選擇的人。「我們愛他，因為他知道自己要的是什麼」。這句話寫的是第二類型的男性嗎？可是大家並不知道他也有猶豫與害怕的時候。

3 第三型

應該以行動而不是言語
來判斷人的感情

喬治‧桑，1804年7月1日出生

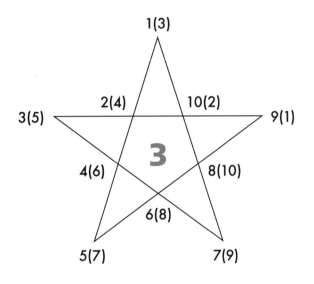

1(3)

2(4)   10(2)

3(5)   9(1)

3

4(6)   8(10)

6(8)

5(7)   7(9)

整體介紹

第三型的特性是力量與行動。愉悅、狡黠、充滿創造力，溝通是他主要的優勢之一。充滿熱情、慷慨、表達力強，他喜歡說服別人，對他來說，這是件容易的事，因為他能自如地使用語言，知道如何激勵與鼓動他人。

他喜歡探索世界，但也喜歡讓人探索自己。他的腦袋裡永遠擠滿了話語，讓他迫不及待地要表達出來。「反應」這個字能引起他很大的共鳴。他的反應很快。然而這種出名的本能反應可能會讓他吃虧：他通常是先回應而後思考，這會使他狼狼地處在不知如何控制的場面。這麼一來，他在受到壓力的情況下會覺得氣憤，但又很少會表達出來，於是就對周遭的人產生出負面的態度。雖然擁有開放的心靈，但偶爾仍會擔心他人的反應，於是隱藏自己易怒的一面。他會降低自己的煩惱與憂慮，因為批評很容易會影響到他，並使他自我封閉。有一點很重要，那就是他應該學會清楚表達自己對愛的需求，不要擔心會丟臉。

他很少往回看，目光集中在未來。能引他產生興趣的是進步與創新，過去的

結構與形式讓他無聊。專注的他，到處都能看見可能性與解決的方法。

　　赫耳墨斯（Hermès）是宙斯的信使，很有可能屬於第三型，因為他知道如何傳遞與溝通訊息，好讓它們產生正面的力量。寫作、採訪，以及所有運用文字表達的形式，都屬於第三型能發展出來的才華，因為他的想像力充滿創造力與影像。

　　然而，他的各種才能並不保證他一定會飛黃騰達，他可能會因為過度分散而浪費了精力。

　　雖然他展現了勇氣與韌性，但一有批評就能使他崩潰，從而隱藏自己敏感而脆弱的一面，甚至可能會顯得有些嘲諷。如果他能停止扮演強人或女強人，如果他能表現自己軟弱的一面，他就能吸引那些知道要如何對他釋出溫柔與愛意的人，這些是他很需要的。

　　最深的恐懼是受到傷害或受人控制，失去表達自我、溝通與分享的自由。因此，他所培養的關係，要能保留很大程度的獨立與自由，他才能隨時離開。

　　小心！第三型能輕易做出批評與判斷，但有時會顯得不太寬容、沒有耐心。有時甚至太過樂觀，可能會不經考慮，去冒不必要的險。而且分散精力的結果是，沒有為自己的多樣才華創造出價值。

　　優點：憑直覺行事，充滿創造力與熱情，他知道如何鼓動與激勵他人。通常很有幽默感，知道怎樣以輕鬆的態度面對生活。

　　適合的職業：他最好能經由採訪報導、寫作、廣告、繪圖這方面的職業，落實自己的創造性以及對表達的需求。不過他的天分也很適合成為演員、律師、整形醫師、雕刻家、專業治療師、室內建築師、裝潢師、畫家，甚至是軍人。

❧對待目標的方法（第一方位）

第三型以自發性、受感情驅使的方式，訂定目標。他天生的樂觀能幫助他走上最為「大膽」的路途。他喜歡享有選擇的自由，厭惡受到控制與監視。由於他對許多事物都很感興趣，所以會分散精力，無法察覺明確的目標。他必須學著找出清晰而

有組織的意圖，以便實現更多自己內心深處的需求與欲望。面對壓力或是必須遵守的期限，他的工作表現通常會比較好。在這種情況下，他有能力展現異常的成就與傑出的效率。相反的狀況則是浪費時間在細節上，分散了精力。

思考與分析的方法（第二方位）

第三型能夠憑直覺抓住別人思考的方式。這種深有同感的能力，為他引來許多好感，也使旁人能接受他的想法。通常一開始，他會接受別人的意見，不過後來就會變得一意孤行。他了解自己的位置，知道如何為自己腦袋裡的信念，找出配合的時間與適宜的狀況。他不會迫切地把想法展現出來，因為怕會不受重視、被排斥，或是讓對手據為己有。當他無法實想自己的想法時，壓力就會出現。

行動、溝通與落實的方式（第三方位）

第三型樂於溝通，對於「和全世界接觸」懷著開放的態度。這位專注的觀察家，期待旁人能在自己需要他們的時候，也能擁有「睜開的雙眼」。為了提升自己生活環境的品質，絕不吝惜投資，因為他不想顯得自己日子過得不好。如果能夠觸發他的同情心，他會立即交心，把什麼都說出來，做出所有的妥協。他熱中於人道主義的方案，能把全副身心投入各種新的慈善事業。他做決定的方式很衝動，不怎麼考慮就開始行動，因此他有時會後悔自己決定得太急。他有分散注意力的傾向，把時間浪費在修飾不必要的細節上，所以他經常會因為（浪費）時間造成的壓力而非做不可。他討厭一切的控制與監視，認為那是別人在懷疑他的能力。壓力出現，他就幾乎能完成所有定下的目標與想法，因為這樣他就沒有時間可以浪費。

✤ 他的紀律、堅持、適應力、他對安全感的需求（第四方位）

第三型想要保持良好的狀態，最不可少的是要有寧靜的空間讓他得以充電、遠離塵囂，他才能退到適當的距離，疏通自己的想法。由於他對所有外界的刺激都有強烈的反應，所以有個「安靜」的空間就變得很重要。這項基本需求促使他尋找並建立舒適的住所，寬敞、和諧，讓他從人世抽離。雖然他樂於溝通、身旁圍繞著朋友與家人，但他也很喜歡自己家裡的平靜與和諧。他有多愛溝通、多愛耕耘公眾生活，就有多愛尋求在四牆之內獨自再生。

✤ 對人際關係的需求與態度（第五方位）

第三型想以實際的方式讓世界改頭換面，也就是說：改變那些可以變的，不投身於不可能的事。他不喜歡直接採用群體的態度，並認為「有原則地」融入也是實現某種自由的方式。他喜歡開發的關係或來往的團體，必須能帶給他新的視野，可以豐富他的文化，幫助他進步或長大。法國喜劇演員科呂什（Coluche），在他的五角星內就具有這種面向，他說：「不能因為他們所有人都弄錯了，就表示他們有道理。」他喜歡和團體、和眾人在一起，但處在群體之中，他希望以個人的身分實現自我。正所謂是「一群白羊中的黑羊」（譯：指群體中有個不守成規的個體），或是一群黑羊裡的白羊。這股外力的到來，驅使團體改變既有的體系，為人類帶來新浪潮。他成功地幫助了他人，使他們找到自己的個體性，還能激勵他們走上自己的道路。

✤ 家庭關係、對物質的態度、再生能力及生命的能量（第六方位）

第三型和家庭保持和諧的關係，但不至太過親密，因為他想要的，首先就是尊重每個人的個體性與自由，這樣他也能享有自己的獨立。只要家庭不會給他造成壓力，他就能以輕鬆、溫和的方式與家人共處。既然是個沒什麼問題的孩子，大家就不要

La pentanalogie miroir du destin

對他拿出專制的態度,也不要說太多,要求他必須做什麼。不然的話,他很知道要怎樣一聲不吭走得遠遠的。如果他喜歡他的職業,他會有所成就,並且充滿了活力。可是若處在相反的狀況,他會工作得很痛苦,可能還會認為自己很累,進而怠工。競爭性與對手的出現,能產生某種刺激作用,鼓舞他超越自己,拿出自己最好的狀態。至於伴侶關係,忠心屬於其中一項重要的價值,而且他期待伴侶為他付出滿滿的關注。

個人特性與身分認同(第七方位)

逃離自己的時刻表,是夢想賦予的喜悅。

貝熱(Maurice Béjart)*,1927年1月1日出生

第三型行事無法預料,又講究個人主義,他能創造出自己的生活方式。他渴望發現存在於世界上的各種事物。他不斷尋求新事物以及與眾不同的經驗。他會避免一成不變與不斷重複的生活,因為那無法滿足他對多樣性的需求。痛苦或是困難的時期,能把他從舒適的環境抽離出來,促使他進步。通常他都能把每個經驗總結為獲取進步的良機。他喜歡嶄新的、能提供全新可能性的知識。

面對愛情與伴侶關係的態度(第八方位)

做母親最困難的是那份擔心,
埋在心裡不能表現出來。

奧黛麗‧赫本,1929年5月4日出生

從外表上看,第三型面對愛情時,似乎會保有自己的獨立與自由,但這通常不過是他複雜的情感結構中,出現的一個面向而已。他十分看重自己的祕密花園,這會讓他看起來有點神祕,使他更有吸引力。這是因為他不喜歡把自認為具有的「弱點」表現出來。他要保留內在的自主性。在他的人際關係中,他會明白說出什麼事情讓他不高興,但不會清楚地點明,什麼是他要別人改變的。他期待自己的伴侶做到坦率、直爽,但是對他自己倒不會這麼要求。他的

*譯註:法國編舞家

理想愛情是兩個人都能發展自我，而且還能以完美的和諧態度共同生活。不過，愛情中的失望會強迫他「睜開眼睛」，並且剝去更多的保護色。為了更佳了解已有的經驗，從中為生命獲得結論，他應該學著把內在的感受與外在的事件連接起來。

✵學習與吸收知識的方法，感興趣的事物（第九方位）

常常被視為先驅者的他，絕不害怕修正、改變或更新任何現存的思想結構。許許多多的事都能引起他的興趣。他敢於獲取並執行其他多數人不感興趣的知識。已經完全開發的領域不太能吸引他，除非在他眼中尚有不完全之處。如果某個主題得以挑動他，他會十分專注，不然的話，他的談話對象很快就會看見他露出無聊的表情，因為他認為談話的內容很平凡。對於所有獲得的新知，他都能在如何實踐、如何體驗的層面，立刻生出想法。當別人還在分析優劣勢時，他已經看出各種不同的可能性了。

✵使命與任務的完成（第十方位）

第三型喜歡具有內在魅力、展現自然威望的人。他喜歡能讓他生出仰慕之情的人。他不一定追求權力或威望，但他喜歡讓人覺得他在自己的領域中是個有能力的人是領袖型人物。由於他受不了別人可能會發現他的弱點，所以他尋求完美，並仔細分析細節。轉變，甚或精神上的卓越性，通常是第三型有意或無意間訂出的目標。出於這個原因，誰能在精神上滋養他，誰就能吸引住他。他必須意識到什麼是父親反覆灌輸給他的思考模式。如果第三型是工作團隊的負責人，他能以準確而開明的方式論述道理。當他與下屬發生衝突的時候，他會變得疏遠，把自己關在緘默中。

4 第四型

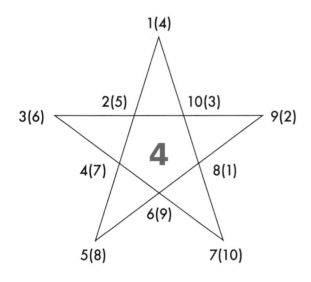

整體介紹

第四型的特性是落實的力量。有責任感、有野心、不屈不撓、守紀律，具有實務的頭腦，為了實現既定的目標，他能讓一切動起來。

為了達成目的，他總是準備好隨時投入，開啟辛勤的工作。一般而言，他精確地知道自己要的是什麼。

事物應該具有清楚的定義，空間明確，組織計畫的方式很仔細，這是他喜愛工作的原因。

他需要可靠的人際關係，他自己也是朋友、工作夥伴與伴侶可以依靠的人。他會過度要求安全感。因此，命運要他體會什麼叫不明確，他必須克服面對此一課題時的憂慮。大部分的時候，他都能毫不出錯的承擔起工作與家庭裡的任務。對於社會現象，以及其他人的能力表現，他有一定程度的敏感性。

他對安全感的需求來自對存在的恐懼，然後從這兒又生出新的恐懼。他的潛意識裡安排了這麼一天、讓他必須面對物質層面的問題，這就令他生出了時刻不停的憂慮。

＊譯註：法號辦喜，印度哲學家

五角星主人如同兵士，必須在他的保衛與監督之下，建造出所有的物質財產、圍起來的疆界、主權確定的領土。這種對既定規範的依戀，有時會阻礙他成長，無法獲得新的經驗。時間與空間的束縛，再加上那些他認為必須毫無條件地遵守的既定規則，給他製造了持續不斷的壓力。

完美主義的他，喜歡把事情「做得很好」。然而他對細節的過度煩惱，偶爾會讓他看不見真實的影像，有礙他完成目標。

第四型的人從小就覺得，周圍的人向他要求的，多過他的能力所能給予的。因此，一個小小的建議，就能讓他覺得那是一項自己必須立刻聽從的命令，然後會為此生氣甚至挑釁，讓周圍的人十分驚訝。

他不是真的喜歡現存的體系，但同時他又認為自己必須屈服在體系之下。這個現象在他面對獨立與自由的需求，以及確定性與安全感的需求之間，製造了不少的內在衝突。

基於他對獨立與自由的渴望，他需要成功。他認為藉由自己的成功，可以獲得自由，並掌控自己的生活。這項特性讓他有條理、有策略、一步一步地面對每天的生活。他喜歡讓頭腦清楚，視生活中的難題為必須克服的挑戰，而且是以一絲不苟、有條不紊又遵守紀律的方式完成。

他在人群中能表現得多麼擅於溝通與親切，他就有多麼喜愛寧靜——獨處在「四壁之內」，那兒由他統領，由他放任自己。

他夢想擁有平靜與和諧，不過他認為身旁的世界全是衝突與爭鬥。第四型的人經常會跟某個人產生衝突，也許是他的上司、鄰居、孩子、伴侶、兄弟姊妹……。他的腦袋裡始終纏著一個念頭，那就是其他人沒有把事情「按照必須的方式」去做。

由於他總是把目光集中在未來，以及他想完成的計畫上，所以壓力可能會常常讓他覺得受夠了，難以從容行事。

就算別人沒有按照他想要的方式去做，他也不應該再生氣了。他做的要死要活，結果只是讓自己陷入沮喪。想要改變，他得給予目標時間，展現他的耐心。

最深的恐懼是錯過了定下的目標、浪費了時間、沒有辦法擔起自己的責任……。這樣一來，他經常覺得時間與訂定的期限帶給他壓力。此外，他還會覺得

自己沒有盡到全力，這會妨礙他充分享受每個當下，因為他已經把目光放在第二天該做的事情上了。

小心！第四型有太過看重自己財物的傾向。他的完美主義有時幾近於某種怪僻。由於他把心力放在小細節上，所以會有看不見完整圖像的風險。

優點：有條理、講策略、井然有序，值得依賴又有效率，他屬於那種可以託付重任的人。實際的他能夠提出有用又有效率的解決方法。在這群五角星主人當中，我們可以找出偉大的策略家，他能把計畫研究到最小的細節。

適合的職業：第四型特別適合從事找出執行過程中所有優缺點的職業，例如建築、工程、會計與經濟，這是他們偏好的職場。

不過以下的領域也很適合：行政（公務員）、傳教、外科手術，維護安全的各種系統（警察）、教學，甚至公證業務。

❁對待目標的方法（第一方位）

他所訂定的目標，通常是為了因應物質上的需求，或是來自周圍其他人的授意。他的計畫有賴於他的生活圈與生活狀況。常常是受到了外在條件的限制而做出選擇。他應該要意識到自己的自由，別再羨慕那些他覺得「怎麼那麼成功」的人，因為那會使他迷惑，妨礙他看到自己的好。

他必須認出自己的優點與才華，才能根據自己真正的欲望與需求，而不是礙於時間與物質的條件，對計畫做出選擇。如果他能成功跳脫框架，找到並完成那些能讓他得到喜悅與成就感的計畫，沒有物質上的束縛，他會進步得很快，所有的努力都能帶來成果。

☀思考與分析的方法（第二方位）

不管用什麼方式開始，
一開始總是很糟。

佛洛伊德（Sigmund Freud），1856年5月6日出生

群體的思考方式會把第四型的思考結構格式化。在一般的情況下，他會採納群體的想法與理論。「別人會怎麼說」，是件令他害怕的事，因此他努力堅持「能讓周圍的人高興」的想法。

只要他能對自己有信心，他就會有更多的勇氣，和那些灌輸給他的思考模式保持距離。至於他自己的思考方式，也會因此而變得更獨立、更自由。

在他小的時候，母親對他的想法有很大的影響，他認為自己必須做得更多、必須更加投入、負起更多的責任。他一直覺得「不論我做什麼，媽媽永遠都不高興」。

他和母親的關係——有的時候和姊姊也一樣——可能會顯得很複雜，幾乎都很不容易。他希望討母親的歡心，想要有好的表現，但心裡又一直覺得永遠都不夠好。

五角星主人很可能在青少年時期，甚至剛成年不久，會出現反抗的現象，選擇的伴侶也和母親所期待的完全相反，就為了證明自己的獨立。大部分的時候，這種行為機制表現在他的潛意識。不過，第四型通常會以為自己和母親之間的關係很好。

這會影響到他對待女性的態度，他很快就會感受到來自她們的壓力。例如像是姊姊、女性友人、女同事向他提出建議，或者只是要分享她們的想法時，第四型就會把它當成是命令，進而產生不愉快的反應。在職場上，他時常會覺得有壓力，覺得必須不斷為自己辯護、調整自己的話語。

☀行動、溝通與落實的方式（第三方位）

與其和他人溝通，第四型更傾向行動與回應。各種溝通方式他都會使用，身體語言、語調、聲音等。此外，別人和他溝通，或當他處理身旁的人所說的話

時，會做出強烈的反應。他很容易就被激怒，然後很快做出反擊。

他的反應通常很衝動，因為他覺得不論何時都「必須」保持秩序。偶爾，他會以固執而絕對的緘默，惹火和他對話的人。（「你不照我想的去做，那麼我就什麼也不說了」。）有的時候他會覺得別人在和他作對。

他的原則是必須不斷奮鬥、凡事都得「自己來」。在進化的過程中，他會知道並不是所有的事都和他有關。第四型的人知道如何從經驗中汲取教訓，用很好的方法學會放手。

❊他的紀律、堅持、適應力、他對安全感的需求（第四方位）

時間與空間對第四型的人而言是很重要的課題。他永遠都缺少時間與空間，因此他很難得休息與放鬆。因為守紀律又有耐心，他認為自己無法享樂，只要「那些事」還沒處理好。

這類型的五角星主人可以成為「模範」員工，他們只要工作沒做完，就不會離開崗位。他喜歡寬敞的地方，整齊、清潔，到處充滿和諧。

由於他害怕別人管他，怕自己過度激動，所以只有當他良好地確定出自己的空間與範圍時，他才會覺得自在。他總是想要知道每個約會到底要花多少時間，他才能好好準備。

不論會面之前或之後，他都需要時間。「意外的拜訪」或偶遇，會帶給他不小的壓力。既然他對安全感有很大的需求，所以他絕對不是「有彈性」的好例子。

❊對人際關係的需求與態度（第五方位）

一般而言，第四型喜歡有一大幫朋友。他周圍的人有困難時可以依靠他，他也知道如何付出，如何維護家人與朋友的利益。如果他有弟弟或妹妹，他會毫不猶豫地把他們視為自己的責任，陪伴他們，保護他們。

他時常會為親近的人做出許多犧牲。然而，埋伏在一旁的是失落感，因為他時常覺得周圍的人沒有意識到他的付出、沒有對他的付出與愛表示應有的感謝。他應該學會愛自己，別再為了群體的利益「犧牲」自我。

如果他能認清自己的價值，看出自己在他人眼中是多麼的豐富，他就會獲得渴望已久的感謝。他不應該對自己那麼苛刻，要有信心，好好享用自己的物質財產。這麼一來，他就能在人際關係中品嘗到喜悅與充實。

家庭關係、對物質的態度、再生能力及生命的能量（第六方位）

第四型全心全意地付出，就為了讓家人過上「更好的日子」。他希望「下一代」能比他擁有更多的優勢、過得更舒適。為了這個，他可以不停地工作，而且表現十分傑出。

「職責」不斷在呼喚他。他屬於「早起的鳥兒」，而且他的一天結束得還比別人晚。有的時候，他的家人會「不再」動腦筋了，因為他們知道，任何時候他都能下達指令。

既然他通常能把所有的財務與事務管理得很好，他的家人就常常需要他的表現。效率對他來說非常重要，他不喜歡做事做一半。就算是做運動，或任何其他講究高超技能的領域，他也要超越自己的表現。不過他的身體會告訴他休息和行動同樣重要。所以他通常是藉由健康狀況來汲取教訓，學習調整自己的努力。

個人特性與身分認同（第七方位）

第四型常常活在兩個世界中：一個是他想要展現給旁人看的，另一個則非常私密，表露得極有選擇性。他尊重眼前的傳統，扮演大家期待他擔起的角色，但偶爾也會跳脫束縛，從日常的現實生活中離開。

外在的世界不見得認識這個人私底下的模樣。他能融入自身所處的社會文化環境，並採用其中特有的生活方式。一旦他改變環境，接觸到和自己所受的教

育、習慣的生活圈的不同人時，他會進化、成長，並發掘出自己真正的潛能。

面對愛情與伴侶關係的態度（第八方位）

研究了三十年的女性心理學，
我還是沒有為最重要的問題找出答案：
她們要的到底是什麼？
佛洛伊德，1856年5月6日出生

第四型在大部分的生活領域中，對自己想要什麼看得很清楚，尤其是愛情。他夢想的伴侶要能支持他的種種計畫，是個他能完全信任的人。他樂意與他的伴侶分享自己對未來的規劃。他想在自己選中的人心中，占據最重要，也是唯一的位置。

他追求伴侶生活各個層面的理想狀態，肉體也包括在內，就算生活經驗會教導他什麼叫妥協，不能拿高標準來要求自己一生的伴侶。他受不了別人為他做決定，或告訴他該做什麼。就算他的回答通常是「好，好……」，以求相安無事，但其實還是只照著自己想的去做。

雖然他對伴侶生活具有明確的想法，但是他很少清楚表達出什麼是他想要的。他的愛人必須猜測，或想像什麼是他的夢想與欲望。不過就算他再怎麼確定，他還是不太肯定是否能得到自己想要的。

會記仇的他，不會明白表示什麼東西讓他不高興；甚至可能會因為誤會，或是某個投射的印象，不太符合現實生活中的真相而結束一段關係。

學習與吸收知識的方法，感興趣的事物（第九方位）

第四型原則上會採用周圍環境所提供的想法與信念。他所關心的事，通常由外界來決定，而且他會幫助別人實現夢想。時間一長，這個把注意力放在別人身上的做法，可能會引起他的失落感與怨懟。

他應該學著分析與評估那些「新的想法與意識形態」——它們有助於提升自

我？或者只是幫助他人成功的工具罷了？保持開放的心靈、聆聽的能力，

　　保持樂觀的態度、有耐心，都是很重要的事。如果他能做到接納旁人的建議，但不至於感到不快，不會被激怒或做出回擊，他就能從每次的經驗中，獲得更多必要的空間，也更容易放鬆。

　　這樣一來，當他認為自己「走錯路」的時候，就不會再自責或自我批判，而是把它視為有益於成長的經驗。

❀使命與任務的完成（第十方位）

一般而言，第四型追求優秀的表現，讓自己受人景仰。他需要覺得自己「很重要」。五角星主人認為競爭是件令人振奮的事，而且競爭能讓他對自己提出更多的要求。他用看起來全在掌握中的態度，隱藏自己的「弱點」。

　　所有的夢想與事業藍圖，都會以堅決的方式持續進行，直到完成為止。他對他認為「很有效率」的人，或是自然散發出威望的人，懷有絕對的仰慕。身為職員的第四型，無法忍受讓他覺得「沒有效率」或「軟弱」的上司。身為老闆的第四型，則是要求很高，不能容忍「弱點」，以及他所謂的「爛藉口」。

　　「高標準」的這一面來自他父母，他們把他和家中其他成員相比，常常會要求他有更多的表現，或擔負更多的責任。第四型必須意識到這個機制，否則有可能會讓周圍的人、家庭和孩子感到痛苦。

5 第五型

> 幾乎所有的人都能面對逆境；
> 但如果想要測試一個人的能力，
> 就把權力交給他吧！
>
> *亞伯拉罕・林肯，1809年2月12日出生*

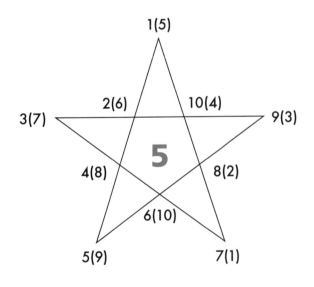

整體介紹

數字5正是五角星的象徵，代表人類的具體體現，特性是擴展的力量。第五型很有魅力，具有博愛的精神，需要別人重視他、給他很多愛。

這類型的五角星主人無法想像找不到出路的情況。他從實際經驗中學習，渴求獲得讓他進步、能夠改變既定規則的所有知識。他是個會冒險的人，行事出於本能，頗衝動，有時欠考慮。

他很好動、沒耐心，會同時進行好幾件事，因為他不喜歡一成不變。他可以離開某個「很好的工作」，只因為他感到無聊，而且他要採用的是自己的規則與方法；他喜歡挑戰。他會被新事物吸引，熱愛探索未知的國度，在旅行中認識不同的文化。他的夢想是自由地生活，享樂至上，聲色之樂，富足充裕。總是把目光集中在物質成長上的他，很難找到泰然的心境與內在的平靜。

這類型五角星主人非常擅於溝通，很需要聽眾，需要大家對他表示關注，並讓他感受到自己有多麼重要。他看起來十分容易激動，隨時都有爆發的可能，有的時候迷人又體貼，有時則充滿毀滅性，情緒氾濫。

不管他說的是真是假，自己都會堅信它的內容，甚至加上音調，營造氣氛，以便感動他的聽眾——這是他最愛做的事！具有迷人的誘惑力，貪求愛與柔情，容易受傷，這些是他人格中的特性。衝突會讓他心煩，因為碰上這種情況，他會覺得別人不喜歡他，覺得自己被排斥。

他最害怕的就是失去別人的尊敬與重視、遭人排斥在外、被拒絕。因此他的行為通常以獲得他人的重視為目標。這一點決定了他內心深處的價值觀與理想。他應該了解自己有多麼容易受到大眾看法的影響，必須發現自己的才能，展現自己的潛能。他過度需求旁人的肯定，是因為低估對自己的評價，所以要向外尋找他人的重視。也因為這樣，他時常覺得失落，因為他認為大家對他缺乏感謝，不了解他的優點。

第五型的幾個大矛盾之一，是他一方面積極尋求社交活動，要與他人交心，渴望擁有活躍的社會文化活動；但另一方面他又覺得自己迷失在人群中。他認為自己的幸福仰賴夥伴們看待他的眼光。為了讓周圍的人看出「他的努力」，他會表現得很有魅力、很迷人；但如果情況並非如此，他會覺得失落、生氣、沮喪，有可能會覺得自己是受害者。他不斷在外求他人與自我引退之間搖擺不定。可能會覺得自己非常脆弱。

第五型在操縱他人方面頗為典型：要不就大發雷霆，要不就轉身走開，要不就假裝配合，然後再把沒有成功的錯，怪罪到別人頭上。他製造出許多依賴，人際關係的依賴、職場上的、財務上的，或是依賴毒品、酒精、食物。他不斷把錯推到別人身上。他所扮演的每個角色，都是為了獲得他想要的某個東西。他追求戲劇性的場景，藉以滋養他的種種情緒。有時他會覺得自己是世界上唯一一個不被理解而且十分痛苦的人。

最深的恐懼是被人瞧不起、沒有地位，團體中沒有人尊重他，大家對他視而不見。因此他會施展計策來吸引別人、討好別人，把自己變得很有趣。如果這些方法沒有效，他可能會擺出沒人了解他的受害者姿態。

小心！用膚淺的樂趣取代自己的才華，例如酒精、毒品、香菸、不適合自己體質的食物。面對他人總是躁動不安又十分期待。完全被情感淹沒而頭腦不清楚。不斷追求改變。注意力分散，凡事沒有進行到底。

優點：熱情、勇敢、有活力、有魅力、擅於溝通，第五型知道如何激勵他人從事人道主義的工作。

適合的職業：他喜歡成為眾人的焦點、尋求認可，他可以成為企業家、醫生、治療師、旅行社職員、偵探、股市交易員、房屋仲介、商務代表、店員、社交人員、心理醫生，或是玄學祕術的教師。

✿對待目標的方法（第一方位）

第五型的人追求領袖的主位，希望對大眾的事件具有影響力。他能負起責任，就既定的計畫加以調整，提出他對事物的看法。他因為不喜歡受到影響，所以都是獨自做決定。有勇氣的他，對新觀點持開放的態度，能夠抓住眼前的機會。他那無所不在的情緒可能會使他延宕計畫的完成，偶爾還會妨礙他清楚地思考。他會傾向於美化自己的工作內容，把所有的問題隱藏起來。

✿思考與分析的方法（第二方位）

我還記得母親的禱告，它們一直跟著我。
我這一生都沉浸在那些禱告中。
亞伯拉罕·林肯，1809年2月12日出生
第五型的頭腦動個不停，而且受到母親很大的影響，很難從母親的思考方式中脫離出來。這類型五角星主人的父親不太能接受他的特點，所以第五型的人會使用計策與方法來討父親的歡心。他希望獲得知識層面的肯定，喜歡用話語打動別人。當他開始論述的時候，他要自己說得有道理，而且他說了算。他喜歡贏。

行動、溝通與落實的方式（第三方位）

第五型的人知道怎樣和別人說話、如何用話語吸引他人。只要環境讓他覺得自在，他就能用話語發光發熱，娛樂大眾。他喜歡受人喜愛，要大家用正面的口吻談論他。他知道如何表現得迷人又有魅力。出色的觀察能力總是能幫助他看出什麼是實用的解決方法。通常他對形體與顏色能發展出某種靈敏度，而且極度欣賞「美麗的事物」。他具有某種第六感，足以帶出團體的活力，並且能認同自己工作的單位。他能為工作地點製造出愉快的氣氛，使得每個人都很有動力。藉由他的魅力與論述的力量，他能帶給別人熱情，使案子獲得成功。他可以很「大度地」面對真相：他比任何一個人都了解如何為自己營造出美好的形象……，它們並不完全是謊言，頂多就是把事情美化或誇大，以更快達成他的目的。

他的紀律、堅持、適應力、他對安全感的需求（第四方位）

孤獨不是找出來的，是自己製造出來的。

瑪格麗特・莒哈絲，1914年4月4日出生

第五型的人不喜歡孤獨，喜歡感受友誼、分享與愛的包圍，從中汲取靈感。孤獨使他沮喪，他會覺得空虛，覺得被世界遺忘。他有可能會在小時候，填補了母親或父親的「孤單」，因此他把孤單與毫無用處連在一起。他需要從別人那兒獲得靈感，在別人面前做出表現。否則的話，他會一直為自己找樂子：看電視、學習、打電話、談話、工作……。他喜歡寬敞、豪華的住所，好讓他氣派地接見朋友。他把孤獨視為懲罰。他對安全感的需求，在他感到被愛與被欣賞的時候，得到滿足。在這種情況下，他能做出超越自我的表現，顯露出完全的紀律。

對人際關係的需求與態度（第五方位）

有些人能帶來好運，有些人則帶來霉運——這是第五型可能會有的想法。他結識的人首先要能為他帶來成功、要讓他充分發揮，或是能讓他健康。只要

這類型五角星主人對自己有信心，他就不會受人擺布、不會遭到忽略，走上該走的路。若是處在相反的情況下，交上了「壞朋友」，就算他被拱上「高位」，也會「落入」地獄。只要他在處理情緒這方面還沒有成熟，就會有認同上的問題；他冒著迷失自我的危險，就是要融入周遭的環境。不過關於這一點，他倒是完全不擔心，還很可能會認為：「我的每個朋友都能欣賞我的某個優點，我不會丟下任何人。」他的交友範圍很廣，朋友確實都很欣賞他，而且遇上困難都會來找他。任何改變與新事物，都能引起他的注意，他在鼓舞他人接受新事物這方面，展現出絕佳的能力。

✨家庭關係、對物質的態度、再生能力及生命的能量（第六方位）

家庭關係對第五型的人來說非常重要，他很難脫離家人的影響。社會「威望」與權勢，在他的生命中扮演了重要的角色。他要不就是尋求在事業上肯定自己的形象，要不就是和具有野心的人結婚，支持他，讓他為自己提供「某種社會文化地位」。如果事情的發展不像他所憧憬的那樣，他會傾向於把它誇大、把它戲劇化。熱愛生命的他，很難踩煞車，或是對他所謂的「生活中的樂趣」加以節制。

✨個人特性與身分認同（第七方位）

了不起的人、了不起的地方、了不起的狀況，全都讓第五型的人著迷。他堅信自己有權利站在明亮的地方，而且是第一排。很多第五型的人總是能在訂位或是看表演的時候，得到最好的位置。由於他相信自己有這個權利，所以凡事就變得有可能，也更容易上手。他的休閒活動盡是大家不熟悉的東西，而且他還知道怎樣鼓動周圍的人跟他一起進行。他喜歡到遠方旅行，發行新的文化。他喜歡認為自己屬於常規之外，並由他來確定遊戲規則。

✿面對愛情與伴侶關係的態度（第八方位）

第五型的人很少會喜歡自己。他不斷在愛情中尋求「證明」與確認。他的愛情關係必須能填補他自以為存在的「空隙」。他在內心深處覺得自己配不上這種愛，因為他有低估自己的傾向。周圍的人必須不斷安撫他、讚美他、強調他的優點。和第五型的人相處時，若想獲取他的信任、讓他覺得可靠，最佳方法就是一開始就要光明正大的出牌。他深受「強人」的吸引，但是他會因為看起來眼花撩亂的外表，而失去客觀。他有不少疑問，不敢在感情上表白，十分渴求受到肯定。第五型的人應該從自己著手，了解自己的行為機制，才能在愛情生活中有更好的表現。他可以毫無預警地結束一段感情。分手前他會花上好幾個月的時間「收集缺點」加以分析，等到想法在心中成熟後，他就走人，不給伴侶任何辯解或說明的可能。由於他不是每次都很投入在感情生活中，所以類似的戲碼可能會重複上演。他喜歡覺得自己不可或缺，因此能讓他持續下去的是某種依附關係，可能是情感上的、心理因素的或是物質上的。

✿學習與吸收知識的方法，感興趣的事物（第九方位）

在第五型人的眼中，到處都是機會、新的開始，無限的可能性。這種開放的心靈帶給他魅力，但同時也使他分散精力，難以找出自己的方向。他屬於那種隨時準備好要嘗試新事物、吸收新知識，渴求進步的人。不過，當他接收新事物的同時，必須要能放開與「丟棄」舊事物，否則他會寸步難行。他得睜大眼睛，在必要的時候，準備好翻開新的一頁。

5

❀使命與任務的完成（第十方位）

> 你們應該學習如何生活，這才是大家想要的。
> 你們應該培養生活中的幽默感。

赫曼·赫塞（Hermann Hesse）＊，**1877年7月2日出生**

完成使命獲致成功的道路有時看起來很艱難，必須克服無數的障礙。第五型的人在面對自己的期待時，必須學會放輕鬆，在追求的道路上，一定要看得很清楚。他必須培養耐心與寬容，相信自己的力量，這樣他就幾乎可以確定，沒有人能妨礙他的成功。他想要成為世上的成功者之一，而且通常可以達成這個目標。等他成熟之後，通常會是個好顧問，總是知道如何為所有人找出解決的方法，幫助他人擺脫心中的恐懼。

＊譯註：德國小說家

6 第六型

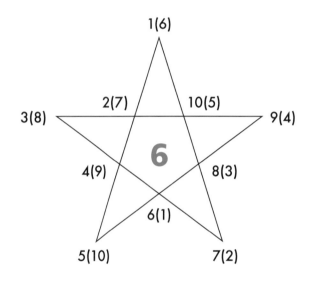

整體介紹

第六型的特性是再生的力量以及為他人服務。這類型的人很直爽、很認真，不論是談戀愛，面對家庭或在職場上，都能負起自己的責任。他喜歡待在家人和朋友的身旁，他很重視他們，也很忠心。

同理心與同情心是他的優點，所以他具有從事治療行業的天分。

自動自發又衝動，有野心也有熱情，對於成功抱著難以想像的欲望，始終鼓舞著他。他的熱情帶來吸引力。他的思考結構以邏輯為基準，所以能發展出清晰、有條理的論述與演說。

要想說服他，就必須表現得明白清楚，既準確又合邏輯。他會直接朝著目標而去，不會把時間浪費在不感興趣的事情上。

有時他會缺乏技巧與交際手腕。第六型的人為生命定下很高的標準。說到伴侶生活，他會嘗試「教育另一半」，但他應該了解，他唯一能夠改變的人是自己。

他對掌握局勢有很高的需求，因為那讓他有安全感，帶給他不少確定性。他是堅毅與出色的談判者，知道如何鼓舞整個團隊，捍衛理想。他能輕易說服其他人，這一點使他成為帶頭的那一個。

雖然他不喜歡臣服在等級制度之下，但只要自由沒有受到限制，他還是能表現得很有彈性。然而，他會一直盡全力保護與守住自己的獨立性。

幽默感通常也屬於第六型的特性：他喜歡處在有趣的人身旁，並在人際關係中施展幽默感。要想獲得他的協助也必須通過幽默，命令或威脅都不太有用！他需要未知的事物，但也需要安全感，他對人有信心，但仍然想要控制。他結合了對比性與對立性，表現出來的是矛盾的人格。

五角星主人能和所有社會文化階層的人談得來。他能藉由自己的寬容、善良與迷人的那一面，去掉自己的標記。然而，他也非常倔強和頑固，如果有人不贊成他的意見，他會不惜大吵一架。

他的束縛在於他想確保與守住已經獲得的物質條件。他覺得自己必須努力工作，但又不見得能獲得「符合他所付出的」。覺得自己被剝削、別人沒有給予他應得的回報，就成了他的人格特性。他非常高興有人羨慕他的成就，他人的嫉妒通常會提升他對自己的看法。由於他自己很愛嫉妒，所以有人嫉妒他會讓他感到安慰。他期待獲得旁人對他的成就做出讚美與肯定，但他本人「吝於」讚美。

由於他喜歡待在「舒適的區域」，所以有時他寧願一成不變，也不想表現出創造力，或是改變某個已經開始變化的狀況。就算在某個關係當中，他和某人已經鬧翻了，但他還是可以一直維持這個關係。他比任何人都還能持續複雜的關係，因為他害怕孤單與變化。

他堅信如果自己能做出犧牲，另外那個人就會改變。這一點有可能會讓他沮喪，引起他自我毀滅的態度，逃到酒精、食物與毒品當中，以此「造出」美好世界的假象。他有本事把自己藏在哲學、博愛、啟發心靈的思想裡面，隱藏「悲慘的」伴侶生活。他應該拿出勇氣說出真相，同時接受因自己的行動與話語而產生的結果。

最深的恐懼是缺少什麼、是無法面對物質上的要求。他的心中盡是對物質生活的煩惱，儘管在現實生活中可能並不存在。他必須了解，如果越是把目光集中

在匱乏上，他就越是會吸引它，那麼持續下去的焦慮就會阻礙他盡情享受自己熱愛的人生。

小心！因為缺乏勇氣而放縱自己停留在舒適的區域裡。採取鴕鳥的做法面對伴侶生活，假裝一切都很好。倔強又頑固，變成要求很多的人，但卻不重視別人的努力。

操控一切、指揮一切，可是其他人其實也有能力擔負責任。對匱乏所產生的恐懼，常常會妨礙心靈的進化。沒有耐心會讓他吃虧。他之所以把「態度中立」表現得像個美德，是因為害怕受到批評、論斷或排斥。

優點：處事有效率、勤奮、有責任感、有說服力。他的幽默感與理想主義令人傾倒，他知道如何投身於團體之中。

適合的職業：他需要講究效率與舒適的物質生活，適合擔任房屋仲介、業務員、建築師、室內裝潢師、店員、治療師、醫生、法務專家、雕刻家、按摩師、美容師、自然療法醫生、整骨醫生、廚師、精神科醫生、政治人物、數學家、物理學家、農場經營者、服裝師、教師或從事感化教育。

❀ 對待目標的方法（第一方位）

第六型根據兩個標準來選擇自己的目標：首先，不論從體能、智力或心理層面來看，他的能力必須剛好足以達成目標，不多也不少；其次，他對安全感的需求絕對不能妥協。所以他在訂定目標的時候，非常仰賴周圍環境給他的影響，而且無時無刻都很需要安全感。

敵對與競爭，能對他產生鼓舞與煽動的效果。他以固執的態度走著必須走的路，不顧限制與壓力。他的父母很早就開始要求他負起責任，並且很快就敦促他要獨立。他的雙親要求很高，並且掌控一切。他們對孩子的表現有很高的期望。這種教育觀尤其顯現在競爭力這方面：必須成為「菁英」。

思考與分析的方法（第二方位）

「邏輯」是第六型重要的生命價值，他受不了旁人「缺乏邏輯」。他認為可以用邏輯掌握一切事物。結婚以後，他會避免和伴侶起衝突，尋找家庭以外的活動。他常常覺得自己不被了解。他小的時候，可能會傾向讓母親過得輕鬆愉快，那樣她就不會找他的麻煩。

他以認真、一絲不苟、明確的方式執行任務。可是有一點很重要，那就是他必須自問，從事的職業是否真能符合實現自我的欲望，還是只想確保自己「活下去」。他的思考方式可以完全被外在的生活經驗攪亂，例如失業、發生意外、孩子離家、失去某個親人……。這些事件隨後可能會成為他思想上真正的解放，或是讓他成長的重要階段。

行動、溝通與落實的方式（第三方位）

開放、自動自發、擅於溝通，第六型喜歡在所處的環境中有所表現，傳授他所知道的一切。然而他的自發性可能會造成反效果，有時候他說話的方式可能會惹惱其他人。

他也許缺乏技巧。他應該學著選擇在適當的時機進行溝通、說出某些事，那麼他所說的就會更中肯，大家也更願意聆聽。只要他喜愛自己從事的工作領域，就一定會成功。他比誰都還知道如何傳達訊息、證明自己的能力。

他的紀律、堅持、適應力、他對安全感的需求（第四方位）

從小他就常常為大家保守祕密、安慰他人，並在困難時期成為母親的「救星」。因為這樣，他會覺得自己不要站在高處，要能吃苦以滿足他人的要求。他認為自己必須為另一半打開新的視野，當伴侶有困難的時候，必須找出解決的方法。有時他會覺得自己在面對事件的時候，完全束手無策。這時他會採取被動的姿態，等待事情改變。賣命工作能幫他逃離伴侶生活中的壓力，並為自己贏得更多的信心。

對人際關係的需求與態度（第五方位）

要熱愛批判的精神。

愛因斯坦，1879年3月14日出生

第六型的人在兒童時期就體驗到平等並不存在。為此，他不斷在所處的團體中為自己重新定位。他與工作的同事或上司接觸的時候，會帶著某種不信任，就怕被騙。他覺得大家沒有給予他和別人相同的權力，而且他必須比任何人都還要投入，才能得到相同的回饋。

他應該要意識到自己的力量。要是他能避免受傷的情緒，就能克服恐懼與懷疑。等他獲得更多的信心，就會更開放並獲得更多的認可。自由與獨立的需求對他而言很重要，要是這個面向沒有被忽略，而他又能保有某種掌控權的話，他就會開始培養人際關係。

家庭關係、對物質的態度、再生能力及生命的能量（第六方位）

有野心又勤奮的第六型，全心全意地為事業付出，以便為他與他的家人提供「更好的生活」。小時候，他的表現沒有得到公平的認可，這使他一心要把自己的能力展現給全世界。他的母親為了得到他的感激與忠心，可能會對他極其呵護、表現出控制欲。因此，他可能很早就有「窒息」的感覺，從而在各個層面滋生出對自由與獨立的需求。他愛他的家庭但他希望保持獨立。

個人特性與身分認同（第七方位）

根據第六型的信念與想法，擁有「好的」或「壞的」人生，非常依賴每個人的社會與思考層面。他嚮往能從「重要的訓練」當中，取得最大程度的「內涵」，以確保他的社會地位向上提升。可是，他卻常常引來自己無論如何都想避免的狀況，結果就是發現自己必須完成別人沒有結束的任務。

有時他會覺得大家濫用他的「邏輯」，來掩飾或糾正別人的「弱點」。另一

方面，他把注意力集中在周圍個體的缺點上，當別人無法勝任的時候，他會做出生氣的反應。他渴望擁有更多的娛樂，卻沒辦法接受事物呈現出的樣子。

要他完全放輕鬆、隨興而為，是件很困難的事，因為他的想法總是圍繞著那些該做而未做的事。他應該意識到別人為什麼即使步調比較慢，但最後也完成了他們的目標。等他一旦有了改變，就能與事物保持適當的距離，不再那麼戲劇性。

❧ 面對愛情與伴侶關係的態度（第八方位）

把手放在煎鍋裡一分鐘，像過了一小時。
坐在美女身旁一小時，
彷彿只過了一分鐘。這就是相對論。

愛因斯坦，1879年3月14日出生

第六型的人自動自發，既親切又開放，喜歡和他人接觸。他會提出許多問題，因為他想知道對方的一切，尤其是那個和他分享生活的人。他認為這種方法可以讓他更加認識周圍的人，以及他們的反應。不過外表可能會欺騙人，只傳送了他人外在的形象。

他一直在觀察自己的伴侶，如果這個人的反應出乎他的意料，他會覺得氣憤。表面上，他似乎很融入，很有彈性，但他採取這種態度通常是為了避免長時間的談話與衝突。第六型害怕為自己辯護或做出解釋，因為他覺得別人不會聽他說。

由於他一直在「犧牲」、妥協，所以挫折與怒氣也一直在心頭縈繞，就算時間再長，他也很難釋懷。

❧ 學習與吸收知識的方法，感興趣的事物（第九方位）

原則上，第六型的人選擇他的興趣是為了確保有個穩固的未來。他投資在自己身上，為了融入各種可能的狀況而參加訓練的課程。他很難相信陌生的事物，或是尚未「正式」認可的知識。就算他會被某些特殊領域的知識所吸引，他還是

要從中找出科學的證明或邏輯的解釋。他害怕財務上的「風險」，有時會停留在他認為經濟層面「很可靠」的狀況中。

　　儘管他天性熱情又好奇，但他很少會只為了興趣或個人的成長，就把自己投入某項學習。他會一直偏好「有用」的課程，要讓他能從消遣型的活動中獲得利益。由於他總是想著可能會缺少什麼，結果有時就會引來缺乏與限制。他應該學著欣賞自己擁有的，不要老是對還缺少的感興趣；並且要學著喜愛日常生活中的小樂趣，這樣他就更能享受生命。

❈使命與任務的完成（第十方位）

第六型的人的父親必須艱苦奮鬥，來對抗競爭並獲得職場上的認可。這使得第六型堅信，光是才能與付出，不足以找出自己的使命，還需要運氣、人際關係與出色的表現。有時，這類型的五角星主人是為了自己親人的要求與需要而活，沒有真正想過什麼才是自己的使命。

　　他渴望從事某種行業，但又認為自己不可能進入那一行。隨著年齡的成熟或是處境的劇烈改變，他開始認真思索什麼才是他真正渴望實現的，並尋求確實的道路。他應該停止追求「合理的薪水」、「合理的報酬」，轉而欣賞不能用財物衡量的禮物。這樣能幫他認出自己的使命在哪裡，他的進化也能幫他超越自己的限制與障礙。

7 第七型

希臘人給了我們語言中最美的字：
「愉悅的活力」（enthousiasme）——來自希臘文「en théo」，內心的神。
巴斯德（Louis Pasteur）＊，1822年12月27日出生

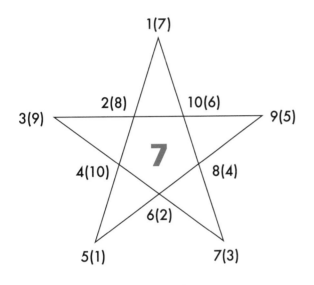

整體介紹

第七型的特性是個人化的力量。他喜愛進入陌生的領域，始終在尋求生命的「真相」。他對玄學很感興趣，但本質上卻抱持懷疑的態度。他提出無數關於生命的問題，不過很難找到答案。

他對所有發生在周圍的人與事，都懷著活躍而專注的態度。他喜歡分析事件，並從中做出論斷。若是沒有先行建立自己的想法，他不會立刻接受底定的理論。由於他不斷想東想西，分析這個分析那個，所以他讓頭腦控制住了，甚至會妨礙他放輕鬆，找到安詳與寧靜。

反覆思考是他的狂熱，因此他喜愛談論哲學，厭惡膚淺。他傾向完美主義，對周圍的人存有很多期待。不過他也因此時常感到失望、沮喪，轉而採取單獨行動。他崇尚絕對的個人主義，不喜歡被指使，也不喜歡指使他人。他樂意在團體中學習新的知識，但是他要別人尊重他的獨立。他的友誼是有選擇性的，不會隨便和人交朋友，必須對他甜言蜜語他才會說出自己的祕密。他覺得自己和別人很不一樣，但矛盾的是他又需要別人喜歡他。

＊譯註：法國微生物學家

大家只能隱約看見他神祕的一面，很難勾勒出他的輪廓：他不喜歡出鋒頭，不會表現出自己的煩惱與問題，而且會小心不要成為別人的負擔。多麼悲傷的小丑，認為自己不必說出哪裡不對勁，只希望別人能主動發現問題所在。

　　當他生氣的時候，他一定會擺臭臉，把自己封閉起來。這樣當然就很難和他接觸，必須很有技巧地誘導他，才能收集到資訊。他的易怒是因為過度看重一切。他很容易覺得旁人不理解他，尤其是他的家人。

　　他時常認為自己與他人不同，彷彿來自另一個星球。他執意想要「改善」身旁的世界，這能讓他避免把注意力放在自己的身上。他努力獲取大量的知識，但不見得能把理論加以實用。

　　他始終覺得沒有人聽他說話，沒人理解他。他也不問問自己有沒有聽從自己的直覺。他會獨自說個不停，但不去想別人是否了解他的訊息。他也完全不了解別人。是否別人反映出的，其實是他自己的不理解呢？他為偉大的理由奮鬥，有時卻對最親近的人缺乏同理心與同情心。

　　他一方面能表現得像隻變色龍，融入生活中的各種情境，想盡一切方法讓別人喜歡他；另一方面，他又能為了毫無意義的小事，嘲弄、傷害與他親近的人，永遠不再向他們付出自己的愛。當他覺得自己受到反對的時候，他會堅守立場，斬釘截鐵地拒絕任何溝通，然後覺得生命又再一次讓他失望。他緬懷偉大的理想，渴望精神上的提升，嘗試非比尋常的冒險，但又害怕失去物質上的安全感。他的心裡存有很大的矛盾。

　　他匯集理論上的知識，但常常不知道該怎樣面對真實的生活。由於他認為自己知道的永遠不夠，所以會不斷收集知識。他很重視自己的獨立，不喜歡別人介入他的自由。孤獨的他，把自己和他人區別開來。

　　完美主義的性格可能會使他無法獲得生命中的機運，因為他的選擇十分嚴厲。狂熱的他有能力捍衛令他感動的偉大目標，尤其是和保護地球有關的議題。他具有全面的視野，深思熟慮，但是不會每一次都付諸行動。

　　對他而言，最深的恐懼是失去自由，然後開始生悶氣，有時會採取傲慢的姿態，打出「我需要獨居」的旗幟。這份憂慮可能會使他變得不苟言笑，以自我為中心。

小心！扮演隱士的角色，害怕他人的批評，拒絕與社會接觸。第七型的人應該意識到自己那種捨棄的觀念，以及對美好世界夢想式的懷舊，並不能幫助他向上提升，反而會更加強他的自我意識。

　　他的缺乏信心與種種懷疑，讓他覺得自己與別人隔得很遠。他會一直覺得很痛苦，因為他不是向自己的內心，而是向外界尋找解答。他對世界的看法，反映出自己內在的衝突。

　　第七型的人應該停止欺騙他人與自己，不要再表現得好像很快樂或是喜歡與人交際，但其實沒有顯現出自己真正的感情。

　　優點：富有創造力、才智橫溢、頭腦敏捷、足智多謀、認真。他能為了世界性的重要議題獻身，也知道如何融入任何一種文化與社會階層。他敢於進入陌生的領域，並從中把新的想法帶回自己的環境。

　　適合的職業：他對知識的渴望以及富有創造力的長處，可以讓他選擇成為感化教育者、精神導師、作家、哲學家、科學家、法務專家、花藝家、演員、專科醫生──第七型的人不會是內科醫生。

對待目標的方法（第一方位）

人類活動的偉大程度，
根據啟發它產生的靈感而定。
巴斯德，1822年12月27日出生

　　第七型的人根據自己的生活環境制定目標。他可能會覺得被迫做出某些不適合自己的決定。他的目標總是為了改善自己與家人的生活環境。

　　他以固執甚至憤慨的態度追求目標，帶著抗議的精神要改變世界。這種固執常常會阻礙他感受幸福的滋味、享受每一天的日子、品嘗「微小的關懷」，而且也讓他不容易看出友誼、分享與無上至福的價值。

　　有時他會因為別人做的決定而感到痛苦，像是他的伴侶、比他階級高的人、父母……。隨著年紀的增長，他會發展出自己的策略，如何在面對他人的決定時，也能完成自己的目標。第七型必須了解，只有當他生活得更愉悅、更輕鬆，不會拿自己的恐懼限制自我的時候，他才能成功地「改變」世界。

✿ 思考與分析的方法（第二方位）

第七型的想法可能頗具哲學性，是屬於心靈上的，帶著對美好世界的投射。儘管他對理想世界懷有夢想，自己卻常常處於困難的生活狀況中。雖然他通常可以從中脫身，但很多時候他不明瞭其中「真正的原因」。

他會從極度的喜悅，一下子落入內心深深的悲哀中。母親的形象形成了他思考的方式。第七型的小男孩為了讓媽媽高興，什麼都願意去做，等到成人以後，通常也會用這個態度面對其他的女性。他有可能一直在期待溫柔與愛，覺得自己必須「盡力取悅女性」：他的母親、伴侶、女兒。波特萊爾（Baudelaire）*出生於1821年4月9日，他說：「女人在我們的夢想之中，投射出最龐大的陰影，抑或最龐大的光明。」

第七型的女性可以比做是真正的變色龍，她會採用大家期待她扮演的角色：「理想的主婦」、「完美的女兒」、「慈祥的母親」，目的是為了滿足身旁的人。然後她會為了自己的「付出」，等著獲得眾人的回報。不過，通常大家都不知道，她必須做出「極大的努力」。

第七型女性的思考方式也受母親的影響，但是還多了一些受騙的感覺，認為母親不喜歡自己表現出來的樣子。因此，她雖然會用心培養和其他女性的友誼，可是在自己感到失望的時候，會毫不猶豫地「不管」她們，甚至批評她們。五角星主人必須慎防因為自己失望而生出怨恨或勉強順從的心理，導致她採取事事懷疑的態度。

✿ 行動、溝通與落實的方式（第三方位）

通常第七型在說話、行動與做出反應等方面，採取比較輕率的方式。他常覺得別人沒辦法了解他或是誤解他。於是可能會出現兩種態度，要不就照樣說自己的，不去擔心別人到底聽進去了沒有；要不就是覺得說也沒有用，所以很少和別人溝通。如果第七型想和所有交談者，製造出更能引起互動、內容更豐富的溝通，就必須學

＊譯註：法國詩人

著一次只專注在一個主題上，且不要讓自己分心。

當他開始左一句、右一句的向別人請教時，頭腦的清晰度就會打折扣，而且失去平衡，因為他不知道該採用怎樣的步驟會比較好。他應該學著用切合實際的方式思考，專心聆聽，訂定明確的目標。

還有一點很重要，就是直接面對衝突與問題，為自己與他人耕耘事情的真相。只有這樣，他才能發展出更好的溝通方式，讓周圍的人更願意聽他訴說。

✤他的紀律、堅持、適應力、他對安全感的需求（第四方位）

第七型的內心深處，對改造與轉變有著懷舊般的情感。他夢想投身於引起轟動的職業，而且他要全心全意的工作。謙虛的他滿足於別人所提供的事物，但心裡又覺得自己值得擁有更好的。他一直有個想法，就是大眾的規範不適合他。

他時常覺得和旁人在一起時，自己猶如陌生人或是邊緣人。他認為自己擁有菁英分子的頭腦。他渴望符合某些特殊的標準，如果做不到的話，他會覺得是自己的程度還不夠。他仰慕那些在他看來很特殊、很另類的人，還有那些讓他覺得「有深度」的人、藝術家，以及表現出勇氣的人。

由於他追求新穎，渴望造成轟動，以致忽略日常生活中的喜悅與樂趣，沒有盡情享受生命的每一道光芒。他總想著要避免「平庸」，以及所有他認為平常或常規內的狀況。要他像別人那樣行事會讓他害怕、把他嚇跑。

這個面向使他沒有辦法做出改變，還可能會使他的心理狀態，在某種程度上變得頗為嚴厲。所以，他的紀律與堅忍，在很大的程度上，取決於他的動機。只要他認為自己在為「了不起的事業」服務，他就會全力以赴，而一旦他覺得狀況已經變得很普通的時候，就再也提不起勁，撒手不管了。

對人際關係的需求與態度（第五方位）

我們需要大家
對尚未出現的事物懷著夢想。

甘迺迪，1917年5月29日出生

第七型的優點與才華受到認可的時候，也是眾人接受他、重視他的時候。他通常能帶來新的氣息與出乎意料的解決方法，他知道這樣能表現自我，改變環境的現況。

他能鼓舞其他人進入新的境界。然而，他有可能會失望，因為他為自己發展出與旁人不同的另類形象，這會阻礙他在團體中被大家接受，無法和團體產生親密的關係。他在從事自己一個人的嗜好時會感到更自在，如藝術、音樂，不過通常帶著孤獨的感覺。

面對來來去去的人際關係，他的心中會產生懷舊的情感、夢想與回憶。當他認為別人比他更有魅力、更有趣、更特殊的時候，他可能會很嫉妒……。

而且在這種時候，他會覺得自己不值得被愛，他認為只有那些「傑出」的人，才配享有愛。

家庭關係、對物質的態度、再生能力及生命的能量（第六方位）

第七型的人很小的時候，就覺得自己是家中的陌生人，腦袋裡盡是和家人不同的意見與想法。通常他和祖母或外婆的關係，要比和母親的來得重要。比起後者，他更敬重前者，她有可能是他受到啟發的來源。而且，他的母親很有可能掌控了整個家庭，不太能接受人性的「弱點」，因此這類型的五角星主人很早就開始害怕會有失敗的人生，結果就是他通常只滿足於內心的活動，不去表現真正的能力。這個面向為第七型製造出矛盾。一方面他有優越感，在生活中追求非凡與傑出；不過，若是周圍的人，無法滿足他在知識、創造或社會文化方面的需求，他也能夠接受。

有的時候，他會為了讓家人獲得「好處」而做出犧牲，放棄自己的使命，不

去嘗試在職場中表現自己。通常他會投入全副身心，幫助與支持他的伴侶和孩子，好讓他們邁上成功之路；他以智囊的身分默默付出。長遠看來，這種做法可能會產生怨懟和失落感，因為他意識到沒有實現自我的缺失。

❋個人特性與身分認同（第七方位）

第七型的人一直在尋求自己與群體的相異性。這一點通常可以由他們怪異的服裝，或完全不搭調的「打扮」看出來。他常常覺得生命是場令人難以理解的經驗，自己必須要習慣它。不過，什麼事情得優先完成、什麼是真正重要的事情，要搞清楚這個對他來說很難，導致他的人生像是處理各種事件的反應器，不會有意識地創造現實。他會有好多年都是依環境的改變做出應對，他需要時間來了解自己有能力掌握自己的命運。

等他發現自己可以有意識地自由行動時，就不會再妥協下去了，他會把自己的獨立與個人特性看得非常重要，甚至可以擺盪到另一個極端，變成以自我為中心。

❋面對愛情與伴侶關係的態度（第八方位）

第七型的女性會吸引那些不太知道自己想要什麼的男性，所以通常是她來發展出有關未來的計畫與策略。由於她的伴侶總是猶豫不決，所以她也常常無法確定自己的感情。偶爾會對他發出「最後通牒」，像是「現在不做決定就永遠別做決定了」之類的。通常她得做出一番抗爭，來維護自己的「地位」：情婦、妻子、伴侶、孩子的母親等。雖然她在家中擔負了極大的責任，但她的伴侶仍時常會把自己的意願強加給她，而且她也會接受。

她很可能對伴侶的未來計畫毫不知情，會面對不少「意外」，因為另一半並不總是認為必須事先跟她報備，而是直接把事實擺在她眼前。等到她學會表現自己的存在、維護自己的權益、找出自己的使命，並且在工作上有所表現的時候，

她就能獲得更多的重視與認可。

　　至於第七型的男性，則很有可能屬於被挑選，而不是挑選別人的那一方。同時，所有關乎未來的計畫與目標，也是由伴侶來制定，他是被知會的那一方，因為他對這部分缺乏清楚的想法。面對伴侶與孩子，就算他沒有意識到自己具有什麼決定性的作用，也一定會負起很多責任。由於他喜愛和諧與安寧，他會逃避衝突。通常他會完全獻身於事業，以保有自己最珍視的自由，充分發展自我。他在職場上這種高程度的付出，使他很少在家。

　　有種現象很常見，那就是第七型的男性會在孩子成人之後，彼此之間才會培養出更親密的關係。他常常期待能有更好的明天，而且他要不就是認為愛情可以隨著時間更臻「完美」，要不就是夢想著自己都覺得不可能的「偉大的愛情」。學習如何活在當下，以及相信自己的直覺，可以讓他不要把過多的注意力，放在「真正」的、「獨一無二」的愛情上，緩和他過度的要求與期待。

✳學習與吸收知識的方法，感興趣的事物（第九方位）

　　第七型在智力與精神上的提升，有賴於周圍的人與他的工作團隊。儘管他非常講究個人主義，他還是會從環境中汲取能量，並採用團體共有的態度。

　　有句希臘諺語是這麼說的：「讓我見見你的朋友，我就能說出你是什麼樣的人」，用來形容第七型的人之心態可謂十分理想。他知道周圍的人若是有深度、才智橫溢，會有助於他成長與進步，但如果環境中的思考層面過於封閉、過於輕易地做出評論，或是其中每個人都只為一己打算，他可能會一輩子停留在膚淺的程度，無法接觸生命中最重要的部分。

　　如果他的合作夥伴具有對環保做出貢獻的精神，又擁有先進的人道思想——願意把生命用來幫助其他的人，那麼第七型就能做出顯著的改變與表現。如此一來，他在團體中會覺得自己能發揮出極大的能量，來改善這個世界，同時又能保留自己獨特之處。

✿ 使命與任務的完成（第十方位）

第七型的目標是為自己與家人改善生活的條件。我們常常能在醫學、各種治療或是社會工作的領域看到他們；美食或政治領域也可以。

由於他們一心要改變外在的狀況，所以有時會看不見內在發生了什麼。雖然他們偶爾會顯得低調、不愛張揚，但他其實渴望進入領導階層。因此，他一直在尋求突破自己的表現、讓自己屬於「菁英」中的一員，必須越有效率越好，要和可以提升他社會與職場階級的人合作。他也是追求獨立的戰士。對完美的追求，控制了他的生命。

在他對抗不完美的過程中，可能會發展出唐吉訶德的特質，與風車進行一場大戰，做一做「不可能的夢」。他也許會很失望地過著他的日子，因為這個世界和世界上的人，沒有表現出他們應該表現的樣子，不過最讓他失望的是「自己的不完美」。

當他遇到某個人，可能會先把他理想化，然後再讓他變得一文不值，因為這個人不符合他心中設想的「完美」形象。他充滿怒氣，因為世界並不完美。矛盾的是，他很難察覺潛藏在自己心中的憤怒與攻擊性，因為憤怒對他而言是種不完美的情緒，不應該表現出來。

所以就算他心裡已經如滾水般沸騰，他仍然會要求自己很實際。如果他能停止這種賭氣的心理，就能讓大家更重視他的意見。沒有精神與信念上的幫助，他可能會成為眾人眼中的牢騷鬼。

8 第八型

要和敵人和平共處，就必須和他共事，

讓他成為自己的合夥人。

曼德拉（Nelson Mandela），1918年7月18日出生

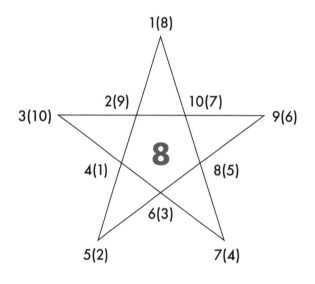

整體介紹

第八型的特性是精神與物質之間和諧的力量。對於這一型的五角星主人而言，各種「關係」是最重要的。他喜歡讓自己所愛的人包圍，對於圍繞自己的氣氛與和諧，給予高度的重視。

他忠誠而正直，但如果有什麼事冒犯了他，也會對自己的意見做出一百八十度的轉變。他一直覺得有必要為自己辯護，對他來說這是很自然的反應：「我為自己辯護，這樣才不會遭到排斥。」和諧與和平是他的生命要素。他喜歡招待別人，而且每個細節都必須受到完美的掌控：飲食、餐桌布置，絕對不能出差錯。他對美感的追求毫無止盡，而且他的組織能力找不出什麼缺點。

他對顯露在外的一切都很敏感，認為必須要表現得很好、很有吸引力，才會有趣。他的要求非常高，對他而言，找到中庸之道而不超過限度是件很難的事。超級敏感的他近乎易怒。聽在他耳中的意見，並不是每一次都會接受。

第八型的人常常覺得自己知道的不夠多，或是遇上特定的時刻，會覺得自己知道的，不是自己需要的。他不斷尋找課程與建議讓自己進步，堅持認為自己知

64 五星能量術與芳香療法全書

La pentanalogie miroir du destin

道的，不足以付諸實行。他應該把自己從群體的想法中解放出來，認清自我的真相。

第八型周圍的人有時不知道該如何親近他。他喜歡在團隊中有歸屬感，所以說出來的東西，是他認為談話對象想要聽的。他應該意識到自己內心的衝突，勇於坦白、直率地發表意見。

進化後的第八型象徵無條件的博愛；他們能夠付出無須等待、不做評論的愛。要不然的話，他會一直為了別人沒有把他渴望的愛、關注與溫柔回饋給他，而覺得痛苦。想要達到進化的目標，他必須首先學會對自己有信心，接著對別人有信心，要克服自己的易怒，要了解生命本就來自壓力——又叫做衝動，而不是來自一致的和諧。

很難讓第八型接受世界本來的樣子。如果他不往前邁進，會變得愛評論，覺得自己握有真相與公理，進而譴責整個世界。這樣一來，他會惹得旁人不高興，自己也會因為心理上的隔離而更痛苦。

第八型非常慷慨，隨時準備為他人伸出援手，甚至付出身上的「最後一塊錢」。他樂於支助窮人、病患以及受苦的人。然而，在這些意識形態濃厚的行為下，可能隱藏著某種欲望，那就是要讓自己成為不可或缺的那個人，不惜任何代價來取悅他人，並從中增加自己的重要性。第八型的人能吸引那些需要幫助者，他樂於付出自己能力範圍所有的愛，時時檢視這些人的生活，是否因為自己的付出與關懷而獲得改善。在這些利他主義的行為背後，其實是他極其自我、追求取悅他人的一面

他是專注、浪漫、溫柔而殷勤的伴侶，但同時具有強烈的占有欲、善嫉，對自己缺乏信心。如果他受傷了，他可以立刻斬斷所有的聯繫，再沒有任何轉圜或和好的可能性。他喜歡奢華美麗的事物，他知道如何讓住家看起來很棒。他對美的感受極為發達，甚至到了誇張的地步。因此，他很少對自己的外表滿意，總是能就自己「不完美」的體態，找到可以發表的意見。

他對金錢具有這樣的看法：「金錢是不道德的」、「我只需要足夠活下去的錢就好」、「某某的眼裡只有錢，某某真是太小氣了」……等。然而他又渴望擁有物質的享受，奢華、美麗的事物，以及把財物散布到全世界的能力。

他看起來像個感情外露的人，但其實不會顯現出內心的世界。他樂於指導別人，擔任心靈導師，從事慈善事業，始終以改變世界為己志——很少會想到改變他自己。他追求靈修，可是對於神的恩典倒是缺乏信心。他常常覺得自己遭到忽略、遺忘，沒有受到重視。追求完美、唯美的他，以批判的眼光對其他人做出比較，時時加以提防，輕率地認為別人對他缺乏尊重，不夠重視他的工作……等。

他的矛盾之一是常常缺乏信心。雖然他的心裡有疑問，但同時卻能孕育出完全不實際的巨大野心。這一點有時會讓第八型的人成為投機分子，等待別人為他提供權勢與實現夢想的可能性。

最深的恐懼是遭到排斥，被騙，不受人喜愛，他的付出與愛沒有獲得認可。由於這個原因，他逃避所有的衝突。他害怕失去控制，寧願保持原狀，就算不舒服也無所謂，因為他覺得至少自己有能力掌控。

小心！時常會為自己編織出過於誇張的期待。為了便於掌握與操控，所以不會直接表達自己的想法，在對感情的依附與對權力的需求之間搖擺不定。他必須能在精神與物質生活間，製造出平衡的狀態。信仰與信心能幫助這類型的五角星主人，朝著第八型的本質進化——也就是博愛。要學會一步一步、毫不急迫地前進。

優點：慷慨、專注、溫柔。他知道如何發展出邁向成功的計策，也知道如何說服他人、吸引他人。他會投身於人道主義的領域。他對美與和諧具有特別的感受，並能擴及周圍的人，與他們分享。

適合的職業：以上這些事實，使他傾向從事的行業為：法官、法務人員、財務顧問、工程師、房地產仲介、畫家、編輯、精神科醫生、外科醫生、職業運動員、運動教練、市場行銷負責人、花藝師、教師，或投身於政治。

🌸 對待目標的方法（第一方位）

上天堂的唯一法則就是
只要心力猶存就去愛，如此而已。
皮耶神父，1912年8月5日出生

皮耶神父的這句話，反映出什麼是第八型的人優先考量的事。愛、分享以及與他人合作的關係，是第八型的人生命中最重要的價值所在，因此，他在訂定與籌劃個人目標時，如果覺得這些目標會「打擾」某個與他關係深厚的人時，他能立刻就自己的決定做出妥協。所以，他的未來時常取決於周圍的人，他會讓自己適應種種要求，或是做出自認能讓別人高興的事。他生命中最重要的目標之一，就是找到「刻骨銘心的愛」，他能在愛情的關係中表現得非常體貼。如果他也能發展出對自己的愛、對自己的信心，有勇氣做出維護自身權益的決定，他就能進化，做出更多的發揮。他應該停止認為要是自己的態度不符合親友的期待，就會失去他們的愛。他嚮往能夠實現改善環境與人性的偉大理想。

🌸 思考與分析的方法（第二方位）

第八型的人的思考結構很矛盾。他一方面傾向於美化事實，尤其當他心中有愛的時候；但他本身極其敏感，是追求完美的唯美主義者，所以另一方面他會輕易做出批評與論斷，尤其當他心裡不愉快的時候。他的情緒能將所有想法完全淹沒。如果他看到有人受苦，他也會感同身受。他周圍的人能同化他的思考結構。他經常覺得自己沒有選擇，只能以某種特別的方式「思考」，而且他必須以旁人對他的期待做選擇。這種機制在潛意識中進行，因為他想要取悅他人，所以他的理智層面會視情況而有所改變。當他的思想與情緒體系尚未成熟時，可能會養成教訓人的習性，愛批評，什麼事、什麼人都要評論一番。如此一來，別人會覺得他傲慢，自以為了不起。這些矛盾的面相也許會延續頗長的時間，妨礙他頭腦清楚與專注的程度。

✽ 行動、溝通與落實的方式（第三方位）

從表面上看來，第八型的人處事得宜，能夠和周圍的人配合。不過他可以嘴上說好，但心裡卻不這麼想。這就成了問題的來源之一，因為他對自己撒謊。然後他會怪罪旁人，覺得受挫，而且，既然他內心深處並不認同指定下來的任務，所以他不會盡力去做，甚至故意做得很糟。他不會直接冒犯什麼，以避免面對發生衝突的狀況。很多事情讓他生氣，但是他不會清楚表明是什麼讓他不高興，結果就失去和他人開誠布公的機會，同時也失去找出解答的機會。他應該要了解，最讓他生氣的事，可能就是反射出自我影像的鏡子。舉個例子，他不喜歡別人說謊，但他自己也很少說出在他看來頗為「血淋淋」的真話，因為他怕傷害別人、怕受到排斥、怕惹人厭……。他受不了說話不算話的人，但他自己有時也會口是心非、也會不受信用。只要他能逐漸進化，他就能累積勇氣，明白表達自己的想法，從容而堅定，願意為不要總是取悅他人而冒險。

✽ 他的紀律、堅持、適應力、他對安全感的需求（第四方位）

第八型的人骨子裡對美十分講究，嚮往生活在豪華、充滿美感與和諧的環境中。他厭惡物質上的限制，然而他卻有招來這些限制的傾向，因為他對金錢具有某種負面的想法，可能會產生破壞性。在他家裡，大家很少談到錢，這讓他認為談論金錢是件不好的事。結果他也會避免加以討論，只是默默等待「公平的酬勞」，而不去清楚表達這個要求。他也許認為，如果自己擁有某個東西，就會造成別人的缺失，或自己要是富有，就會失去愛，要不就是對「有錢人」生出某些偏見……。有個很棒的說法，值得第八型的人參考：「這一年果樹收穫豐富，不代表來年就不結果子……。」他應該了解金錢是股流動的能量，它會再生，而且它只會具有我們想要給它的色彩。它還是貢獻一己之力的絕佳方法。

1912年8月5日出生的皮耶神父曾經說過：「就算拿來全世界的金錢，也無法改造人類，可是和心中有愛的人類在一起，什麼都能改造。」

話雖如此，但如果博愛的第八型的人在物質條件上許可，他就能做出更多的貢獻。他期待自己的付出能獲得很多感謝與肯定。沒錯，他能出色地完成分內的工作，幫助他人減輕痛苦，但有的時候這些表現只有一個目的：讓自己變得不可或缺。由於他害怕受到批評，他會不停徵詢他人對自己工作的意見。這可能會讓他更不穩定，因為意見只能代表某個要點，不見得囊括整個實情。如果他能避免這種持續不確定的狀況，就能對自己更有信心，相對地，別人的眼光也就不那麼重要。

🌿對人際關係的需求與態度（第五方位）

第八型的敏感，或者說他的易怒，可能會成為人際關係中的弱點。他應該學習接受自己與他人的所有優缺點——凡人皆如此。對自己的陰影提出適當的疑問與關注，可以幫助他接受別人的陰影，社交活動也能變得更輕鬆、更容易。其實就算這類型的五角星主人不會把自己不高興的事用言語表達出來，周圍的人也能察覺到他對他們存有批評的想法。他能為有困難的人付出所有心力，表現出同情。然而這種積極的面向，可能藏著「黑暗」的另一面，也就是說，他的和藹可親來自他對「取悅」的高度需求。他情緒的平衡，仰賴別人對他表現出的「善意或惡意的指數」。某部分的他希望全世界都能知道，他可以付出怎樣的愛與心力。五角星主人必須知道，真正的朋友能以坦誠、直接的方式溝通，而且批評具有建設性，能提供進步的機會，把痛苦的來源轉化為幸福。他應該小心呵護能讓他成長的人際關係，不要落入甜言蜜語的陷阱，遑論空洞的承諾與亮麗的外表了。

🌿家庭關係、對物質的態度、再生能力及生命的能量（第六方位）

第八型的人對家庭非常依戀，這種狀況就算出現衝突，或家中有成員激怒他，也不會改變。為了這個原因，他的自我使命與目標，時常會依據生長的環境而有所改變，家庭對他所做的選擇影響很大。他很在意自己的體態，由於他非常追求完美，所

以他很少會滿意自己的外表，並且可能會一直把注意力集中在「不夠美」的部分。他應該停止拿自己和某個美好的形象做比較，學著欣賞自己自然生成的模樣。這能喚醒他的內在美，向外發光。他必須知道，越是想著不高興的東西，它們就越強大、表現得越顯著。成為母親或父親是他生命中很重要的階段，能激發他精神上與領悟上的能力。這個階段通常會為他的想法帶來很大的轉變，同時也是自我磨練的機會。我們得說，第八型出生的時期，他的父母並不處於無條件彼此相愛的狀態。在他出生前後，他的母親所面對的生活，讓她一直夢想能獲得更多的柔情與關注。當然他父母相處的關係會隨著時間有所改善。不過愛的重要性，從此就在第八型的人的潛意識裡深植了下來，成為他生命中最重要的意義。

☙ 個人特性與身分認同（第七方位）

只要能確保外在的生活環境與物質的舒適，第八型的人就不會想要追求自我的特性。然而隨著時間的延展，物質上的限制可能會帶給他壓力，有礙他享受生命，活在當下。由於他認為自己應該盡最大的努力，讓一切事物始終保持「井然有序」的狀態——不論是在職場上還是家庭或感情方面，所以他偶爾會覺得沒有多少時間留給自己以及自己的娛樂。也因為他討厭混亂的狀態，他會傾注所有心力，就為了讓生活環境受到精心的維護，既美好又和諧。

不過為了保持這一點，他似乎沒有得到多少支助，結果所有的工作都落在他身上。他應該每天為自己保留一點時間，從事以愉悅為主的活動或娛樂——也許是某個嗜好、做按摩之類的。如果發現有課程很吸引人，就去上吧！不需要猶豫再三，分析這個分析那個：也許周圍的人會不高興、這種課程實不實用⋯⋯。

☙ 面對愛情與伴侶關係的態度（第八方位）

第八型的人夢想的戀愛以忠實和分享為基礎，不僅心意相通還得充滿濃情蜜意。他對感情懷著很高的期待，然而卻很難實現這個理想，因為他的心中盡是恐懼和懷疑，害怕大家不能像他

想要的那樣愛他。有時當他想到自己的夢想，然後再看看實際情況時，他會變得傷感。他覺得家庭總是要「干涉」自己的戀愛，他沒辦法在做出選擇的同時，不去面對別人的意見。他確實應該了解，親友的看法對他來說很重要，不管是有意識或潛意識，他都會一直等著周圍的人提出看法。因此，就算一段關係再怎麼長久，也能頓時出現疑問，因為他對別人的評斷，比對自己的直覺更有信心。他的重要挑戰之一，就是發展出對自己的愛。如果他能做到這一點，就能加強自己的直覺，發展出更幸福的愛情。他必須學會如何表達自己的要求與期待，就算得罪人也無所謂。

❀學習與吸收知識的方法，感興趣的事物（第九方位）

第八型的對不計其數的事情感興趣，從純藝術到人文科學。不過，最能引起他興趣的，就是改善世界、使世界進步的各種想法了。就這個主題他有許許多多的主意，但通常卻步不前，因為他不認為能夠克服物質上的限制。於是他把自己的理想藏起來，接受生活環境的要求，繼續夢想著更美好的世界。不過我們也能觀察到，通常孩子的誕生會喚醒第八型真正的興趣，並使他開始發展自己的長處。

❀使命與任務的完成（第十方位）

第八型的人與父親的關係有點困難。他在兒童時代和父親相處得十分融洽，但從青少年時期開始直到成年後，他的父親——或是在他生命中扮演這個角色的人——會越來越難理解他。他覺得自己處在壓力之下，通常這會使他很難經營與當權者之間的關係。這種壓迫感會干擾他在職場上的機會，因為那首先取決於旁人期待他做出的表現，而不是他真正的才華與渴望。

他一輩子都在考慮換工作的事，但他永存的憂慮與恐懼常常會阻止他變換跑道。他通常會選擇能夠改善眾人生活環境的職業，例如美術設計、流行時尚、健康、教學、運動、市場行銷、外交領域、律師或法務人員——他們維護「公正的

理由」。他也喜歡進入享有行動自由的職業領域，而且溝通占了其中重要的比率。他常常發現自己扮演調停者的角色，因為他知道如何在對立的態度之間搭起溝通的橋樑。儘管大家需要他的幫忙，卻沒有給予他應有的肯定。久而久之，他會對只需要維護表現的工作內容感到厭倦，長期下去甚至會讓他生病。於是他夢想找到更為全面的任務。若是他能找出這條路，就會如鳳凰一般自灰燼中重生。

9 第九型

在生命的無數道路上，
我們以千百種喬裝的面貌，
一次又一次地相遇。

容格，1875年7月26日出生

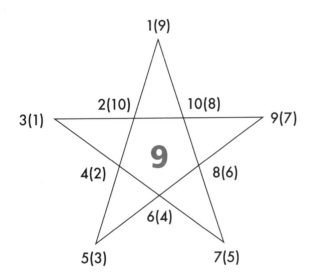

整體介紹

第九型的特性是轉變與創新的力量。將眼前的知識加以改變、合成、創新與發展，是他與生俱來的能力。他能進入全新的領域，將生命引入嶄新的境界。第九型象徵更新、進步與變化。

身為發明家、探險家，或是研究人員的他，對知識的好奇與渴望永無滿足之日，可說是完全著迷。他通常被歸為奇特、脫離社會，挑釁意味十足，很不傳統的人。他不停地觀察發生在自己周圍的一切，這也是為什麼很多第九型的人都喜歡攝影，他要把影像中最微小的細節收集起來。

他的理解力很強，而且傾向於認為所有人都應該像他一樣；所以有時他會被別人的遲鈍弄得發火。他表現得很獨立，甚至算是個人主義，但當他找到可以認同的團體時，他也能成為很好的工作夥伴。這位夢想家時時都在尋找新的事物，他能接納各種建議。他討厭「保守」的人，因為他們阻礙了前進。這類型的五角星主人沒有耐心又很好動，常常覺得是人把自己的生命弄得很複雜。

非常好奇的他，不喜歡長時間停留在同樣的主題上，他需要各種層面的變

動。他也很堅定甚至很固執，沒有什麼能讓他改變心意，除非提供他更有意思的選項。生活強迫他發展出全面的視野，驅使他考量所有存在的面相。不論哪一種實用的經驗，都能讓他的心靈更開放，視野更完整。而且他只有藉由體驗，才能真正地進化，不至於陷落在自己的理論中。

他厭惡一成不變，千篇一律會讓他煩躁、沒有耐心，讓他有停滯的感覺，這是他深惡痛絕的狀況。他應該學會三思而後行，進行更多的觀察。他喜歡狩獵更甚於捕獲的獵物……。這種持續的狂熱有時會妨礙他融入日常生活中。對他而言，最大的挑戰就是控制自己，不至失去耐心而變得煩躁。要學著品嘗寧靜，偶爾要轉身走開思考一下，聆聽自己內在的聲音，了解自己「真正的感受」。

進化後的第九型，能夠理解改變與轉化是不能強求的，因為有的時候，堅守現實的狀況，對於更了解生命的每個面相來說是很重要的。如果他能理解現時情況中的每個細節，他就能進步。如果他能發展出同理心與同情心，他就能得到更多的快樂、理解力與謹慎。他的伴侶有時會讓他覺得很累，尤其是他不願意聆聽，或是只聽一半的時候。與他交談的人或許會看出他的不耐煩，對自己說話的內容缺乏興趣，要不就是他以「對，可是……」回應，表現出他不想理解。

集中精神、持續專注在一件事上，是他的難題之一。他老是忘記自己前一刻想要的是什麼。他傾向於加快事情進行的速度，而且什麼都想要，立刻就要，甚至在他想到的那一刻。在他的想像中，要是其他人不是那麼複雜，日子會過得更容易。就是這樣的運作方式，讓他活在很大的壓力之中，因為這會妨礙他去感受什麼叫從容、安寧，使他無法細細品嘗自己的成就。如果其他人無法和他共同分享他的興趣，他可能會感到失望，但是他不一定會先問問自己，這些興趣是否也會吸引其他人。

進化後的第九型的人，可以成為真正的知識傳遞者，因為他具有將複雜的機制，以簡單的字句表達出來的才能，這一點仰賴他高度發展的整合能力。他能百分之百地經營友誼。可惜的是，他的愛情常常會被利用，甚至遭到背叛，尤其是來自那些他覺得和自己最親近、關係最密切的人。不過這類經驗有時反而能促使他更有洞察力，頭腦更清楚。

最深的恐懼是遭人欺騙，背叛，讓人發現了他的弱點。這個不變的恐懼使他

經常在心裡投射出不忠的場景，結果就時常出現這種實情。

　　小心！不斷折磨自己的精神，擺出「一切都很好」的樣子。腦袋裡一直在製造障礙，封閉自己，把安寧與從容排拒在外。把知識與權力混為一談。他以為別人之所以欣賞他，只因為他很出色、有效率，勝過其他人。由於他分散了精力，以致無法專注在一件事上。

　　優點：具有創造力、靈感豐富感、思想前衛。他能整合並轉化已存的知識，用大眾容易理解的方式表達出來。他有勇氣冒險，進入未知的領域。

　　適合的職業：以上這些特點引領他走入研究、發明、寫作、哲學、攝影、醫學、法律、舞蹈、導演藝術、編劇，以及教學的行業。

對待目標的方法（第一方位）

第九型不僅喜愛新鮮的事物與創新，他也認為幫助與支持別人是他的責任。因此他訂定目標就以這兩個面向為要素。引起他感興趣的事物太多了，所以有時他很難做出選擇，然後長期堅持自己的決定。他渴望實現偉大的理想，為了達成目的，他不怕冒險，甚至會做出很不尋常、不合乎標準的決定。他很有眼光，能在眾人之前預先看到事件的發展與變化。然而，他因為一味追求對自己的更新，可能會分散了精力，或是突然發現就算自己改變方法與計策，仍然只會重複類似的經驗。隨著情緒上的成熟，或是擁有更全面的視野之後，他的目標會變得更清楚、更明確，考慮得更完善。如此一來他也會更堅定，更能完成定下的目標。

✿思考與分析的方法（第二方位）

你們要盡量精研各種理論，
等到和人接觸時，就要把理論擱在一旁，
人是靈魂的奇蹟。

容格，1875年7月26日出生

　　容格這句話完全反映出第九型思考方式的本質。他小的時候，會一直對別人在想什麼感到不確定，這是因為他還不能理解與辨認母親的想法。在他眼中，母親就像一個謎，而他只能看出其中的一部分。這種不確定讓他開始尋求控制的力量，促使他一定要了解所有的理論。這個面向也有可能促使他，在奠定了思考規律之後就很難再改變。與他交談的人，必須在智力的領域上使他絕對信服，才能讓他改變意見。通常他的腦袋會一直處在超高速的活動狀態，使他不太能看出什麼是本質，以及如何做出適當的抽離。躁動會使他很快、很衝動地做出論斷與批評，而且不是每次都會經過深思熟慮。他和母親在溝通上的未臻完美，在他心裡製造出疑問，他很難交出所有的信任。

　　通常他能確定的，是自己不要什麼，但他卻不太清楚自己要的是什麼。這種機制有時會正好引來他無論如何都想避免的狀況。和母親之間的衝突，常常會妨礙第九型的女性，找到自己身為女人的定位，連帶也有礙她承擔這個角色。因此她會傾向於較為陽剛的思考方式，也就是說，即使口頭上並不承認，但她偏好邏輯、智力，比較不接受直覺。

　　至於第九型的男性和母親之間的衝突，則為他和大多數女性之間的關係添加了色彩。他會猶豫要不要接近她們，時常為她們的反應感到訝異。在他看來，女性的思考方式屬於生命中神祕的謎團。他通常會認可作風傳統的女性，這樣他就不用想破頭，去為「怎麼會這樣」找出原因。在他心靈深處孕育出的憂傷，時常帶給他鬱鬱寡歡的氣息。

　　1935年6月21日出生的莎岡（Françoise Sagan）曾經說過：「兩個人之間最糟的狀況不是三十年的婚姻，而是他們的童年。」由此可以顯現出，童年在第九型的生命中並不輕鬆。

行動、溝通與落實的方式（第三方位）

要想煽動第九型是件很容易的事，因為他是立刻回應的人。他時常覺得自己必須對所有的一切做出反應，而且還得照單全收。偶爾他會「迅速」做出「承諾」，不但為了避免長時間的討論，也為了更接近自己的目標。他必須知道別人隨時會來和他算帳，那時他就得面對自己「欠的債」。他樂於給予指導，但自己卻不那麼樂意接受指導。他知道如何說服他人、如何論證，他能利用語言來獲得成果，但他本人很難去聆聽他人的敘述。內省的修鍊能讓他知道什麼是自己最深層的需求，並克服隱藏起來或經過掩飾的恐懼——它會阻止他表現「真實」的一面。如果他能發展出同理心與聆聽的能力，他就能成功地和他人進行更好的溝通，而不是只能接觸臣服在他魅力之下的群體。不然他會為了自己方便，只做選擇性的聆聽。

他的紀律、堅持、適應力、他對安全感的需求（第四方位）

只要第九型能做出革新、具有創造力、生出新的概念與研究角度，他就能表現出高度的紀律與韌性。在這種情況下，他的生活如同歷險，還能精進他的知識。工作對他來說很容易，而且他不在意自己所處的環境。然而若是某個任務讓他覺得「無聊」，他會傾向於一直拖下去，對這些任務視而不見，越積越多，找出千百種逃開的理由。如果約好的某件事讓他覺得痛苦，他會先跑到服飾店，賣CD或書籍的地方溜達，所謂「受刑」前的娛樂。他就是靠這些「小小的逃離」，來平撫日常生活中不太「有趣」的地方。他厭惡時間上的限制。就算工作時刻表已經填滿了，他也會努力保留很多自由的時間，不讓過多的工作占去了娛樂的部分。不過，由於他討厭獨處，所以他又重新訂下一堆約，再次讓自己承受壓力，然後再次逃離，周而復始。

❋ 對人際關係的需求與態度（第五方位）

第九型從兒童時期開始，就一直覺得自己是家中重要的支柱，必須為家庭提供心理上的支援——程度遠超過任何兒童所能接受的範圍。即使還是個孩子，他就認為自己必須有效率，別人才會接受他、喜歡他。很有可能父母／孩子的角色，在他家剛好相反，變成是第九型的兒童「照顧」自己的父母。這種現象帶來的訊息是：「如果我很溫和、親切、體貼、樂於效勞，把別人的需求排在我的需求前面，大家就會喜歡我。」所以他所承受的擔子大於一般的小孩。這會讓他覺得自己「很強」，大人在他的眼中就變得「很弱」，而就製造出權力與傲慢的本質。因此，他讓周圍的人，以及階級與輩份比他高的人，覺得他自視甚高。可是他倒很確信自己既親切又和善——當然，別人不一定有這種看法。

他常常覺得別人是因為他的表現而喜歡他，而不是因為他的本質。他的親友知道他有效率、會辦事、有能力，所以需要他，不過他渴望別人愛上他的靈魂；不過會產生這種狀況也是他自己造成的，

因為他常常表現得那麼出色，講究效率又十分獨立，把自己的弱點與容易受傷的部分又藏得很好。再說，他也希望周圍的人能欣賞他的行動與援助。他積極地想為全世界的進步與所有人的幸福做出貢獻，身旁經常圍繞著一大圈朋友。他會尋求接觸那些看起來與自己同樣「重要」的人，以求進步。不過，這一大群一直圍在他身邊的人，可能反而會過度分散他的精力，使他過動。只有當他面對生命中的危機時，他才能認清誰是他真正的朋友。

❋ 家庭關係、對物質的態度、再生能力及生命的能量（第六方位）

「肉眼」無法察覺第九型的生命能量與魅力，必須以某種微妙的方式體會出來。不過，第九型自己可能會覺得洩氣而沮喪，因為他的理想十分遠大，期待很高，不過很少得到滿足。由於他的腦袋一直處在高速運轉的狀態中，所以會削弱他的神經系統，使他常常覺得自己很「緊繃」。

他不應該繼續固執地認為，別人喜歡他，只因為他有效率、很出色、與眾不同。他應該停止對成功的狩獵。當我們詢問第九型的人：「你整個身體的感覺如何？」他會很難回答這個問題。他的「腦袋」讓他忙到連身體對他說什麼都聽不見。他最好了解身體與夢想能搭出一座橋，和靈魂連在一起，還能顯現出他最基本的需要。

要想活得自在，最重要的就是將軀體的活動融入日常生活中：瑜伽、氣功、運動、舞蹈、散步等等。

至於他和家庭的連結，則混入了好幾種感情。他對失去的童年帶著懷舊的情感，會試著經由自己的孩子，來「尋回」自己的過去。他認為這樣自己也能一起長大，一起獲得充分的發展。孩子的誕生對他的靈魂具有療癒的效果，使他與生命和解。不過，他自己童年時的痛苦，也可能會使他害怕有小孩，擔心他們會承受和自己相同的命運。這個機制出現在他的潛意識。

個人特性與身分認同（第七方位）

 第九型的人內心深處渴望外界能視自己為傑出人士，因為他憑一己之力為世界帶來更新，提出新的展望。他從很小的時候開始就覺得自己「不一樣」，因此他自己訂出不少規則與標準——日後會成為團體遵循的路徑。他擁有某種優越感，並努力符合那些最為嚴苛的要求。如果他沒能達成目標，他會將其視為失敗或遺憾，並生出自卑的情愫。這個面向與他的優越感製造出矛盾。由於他難以表達自己的情緒，於是會藉由某種儀式、象徵性的行為，或「戲劇性的安排」，把情緒顯示出來。

儘管他厭惡被拿來和其他人比較，但他自己卻一天到晚在比：「誰有的比較多，誰知道的比較多，誰做得比較好」等等。他得了解自己個人主義和孤僻的一面，會帶來很多孤獨，以及格格不入的感受。

✤ 面對愛情與伴侶關係的態度（第八方位）

他的願望是變得更完美、更有效率，以實現所有的夢想。能說服第九型的，只有自己那什麼都能到手的能力，因此他傾向於欣賞贏家，瞧不起輸家。然而，財物的獲得不會為他帶來多麼長久的快樂，他是渴望遠比占有重要，狩獵的過程遠比捕獲的獵物重要。因此他的愛情關係可能會顯得很複雜。很有可能他從青少年時期開始，全副心靈就已夢想著偉大的愛情，遇見和他心心相印的那個人。為了達成目的，他絕對準備好要全力以赴。然而，當他進入一切都已穩當、常規浮出表面，夢想中的人也做出愛的表證時，他所有浪漫的感情可以在瞬間消失無蹤。等到親愛的人遠去之後，他又重新進入誘惑的階段，再來一次。

他那些重要的夢想與理想，在愛情中製造出過多的期待，常常會妨礙雙方去體驗充分發展而豐富的愛情關係。不過，由於他父母之間的關係，可能完全談不上「理想」，所以他一方面會認為自己的夢想是烏托邦，是「不可能的」。

另一方面，他傾向於注意外在的面向：體態、聲譽、地位。這些外部條件對他來說比較具體，他覺得至少可以控制整個情況中的一部分。

✤ 學習與吸收知識的方法，感興趣的事物（第九方位）

天生好奇的他，永遠不會對自己知道的感到滿足，不斷尋求知道的更多。凡事自學的他，知道如何整合與傳遞已知的學問，並創造出新的概念與研究方向。在思考層面上，他需要持續的刺激與革新，在未知的領域冒險，能給他展翅的空間；前衛、不符常規、創新，這些是吸引他的要素。

他很難接受既定的思考形式與方法。然而，唯有經由接受，他才能體驗真正的轉變。他也可能不太喜歡制定長期的計畫。如果有人要和他詳細訂出接下來兩個星期的工作表，他可能會不高興。一旦他有了明確的目標之後，他會持續進行，也能即時設想出不同的工作進程。他會一直都很開放又很有創造力，他有執行目標、完成目標的才幹。

❀使命與任務的完成（第十方位）

他有專家的精神，但他更是個通才，他想要保留所有選擇的靈活性，這樣就能在風向轉變的時候，隨時跟著改變。所以他很難把自己指定在某個內容明確的職務上，覺得自己會因此失去自由與改變的選擇。第九型能同時把好幾個活動集中起來執行，沒什麼問題。他偏好能給他獨立與自由的職業，若是與團隊合作，必須每項職責都訂定得很清楚，別人不要來干涉他的範圍。他不是非當「老闆」不可，因為有了屬下，等於增加了衝突的來源——那是他最不想看見的。

哲學家只是用各種方式來詮釋世界，
現在到了改變世界的時候了。

馬克思（Karl Marx），1818年5月5日出生

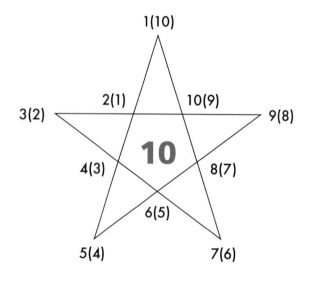

第十型的特性是無限可能的力量。他生來就是為了把創新與開拓的精神帶到群體中。他具有豐富的靈感與創造力，會被新科技，以及神祕的、啟發心靈的學問所吸引。他喜歡探索所有正統科學未能做出解答的領域。身處屬性明確的環境中，周圍的人常常視他為另類。

他是獨一無二的，喜歡帶頭，想要徹底改造世界並且充滿了想法。他把事物化為概念的本領，超乎一般人之上，遇到困難能找出非常規的解決方法。

不論在思想或行動上，他都是個人主義者，選擇獨自進行的活動，因為受不了別人給他下命令或限制他。他有勇氣與智慧探索未知的一切，再將它們傳達給群體。

他身旁的人覺得他很有力量，知道如何灌輸別人信心，鼓勵他們的行動。他擁有利用直覺感受實情的能力，常常以本能看出有什麼事不對勁。當他全心投入某個事業時，能釋放出不尋常的精力。

兒童時期的他，可能會從專制的父母那兒吃了不少苦，因此他厭惡任何形式

的獨裁。由於他很難接受建議，所以常常是生命中的各種經驗迫使他學習。他可能也很驕傲，只要是會攪亂情緒的批評，一概拒絕。他傾向全心參與，並領導他人。

他認為知識等於權勢，因此他吸收大量的知識，以期握有操控權。從精神性的哲學到量子物理，從佛洛伊德到心理治療中的溝通分析，還有九型人格、占星術、數字命理，所有嘗試解釋人性機制與靈魂的系統，全都令他著迷。

由於他熱愛學習，所以他也喜歡能讓他打開眼界，帶來新知的旅行。不過，潛藏在他心裡對失去的恐懼，無時無刻不在糾纏著他。他應該要了解，只有在任何情況下都能冒險的人，才有可能全贏。

第十型結合了兩個極端：脆弱與力量。他應該學著承認自己的弱點，這樣才能獲得更多的力量。理解這一點很重要，力量少了脆弱就不存在，反之亦然。他不需要專注在別人的缺點上，以掩飾自己的缺點。

這類型的五角星主人可能會積累他的怒氣，永遠也不會把它清楚地表達出來。這股怒氣顯現出來的形式，可以是諷刺、玩世不恭的幽默、帶有優越感甚至傲慢的態度。他不是每次都能意識到，這股內在的盛怒可以轉變成苦惱，或以軀體的緊張形態表現出來。

他的矛盾之一就是，即使害怕孤獨，他仍然要在所有的關係中和他人保持距離。他不樂意任人擺布，但偶爾卻不自覺地擺布身旁的人。他畏懼權力，自己卻時常讓人認為他頗具威嚴又專橫。最深的恐懼是失去控制，失去對掌握局勢的能力，失去自由、自我，必須服從。

小心！批評可能會引起他的暴怒。最好把批評視為進步的工具，或是具有建設性的建議。把權勢與知識混為一談，認為知識是進化與智慧的工具。濫用自己的力量與權勢。把重心放在別人的缺點上。傲慢，不承認自己錯了。

優點：勇敢，憑直覺行事，不會一成不變。即使情況看起來毫無出路，他也能以抽象的方式思考，找出解決的方法。他能果敢地推翻既定的傳統，選擇不尋常的道路。

適合的職業：他的勇氣與決心以及種種特點，會領他走入內容明確的職業，如從事改革的人士、革命家，或治療師。不過他也可以進入寫作、哲學、機械、

研究，或教書的領域——由此突出他先驅者的精神。

❧對待目標的方法（第一方位）

第十型訂定目標的同時，不會忘了保障自己的自由與獨立——在他眼中非常重要。帶著孤獨的靈魂，他常常能獨自構建新穎的計畫與目標，不會畏懼進入陌生的領域。可以說，所有第十型的人，他們的目的都是為了獲得最全面、最完善的視野。

由於父親的形象對他的思考方式有很大的影響，所以他潛意識裡會想定出讓他高興的目標，或是他父親曾經想過但沒有機會達成的目標。由於這個機制的進行並不明顯，而且只要他沒有意識到這個過程，父親的意願會一直引導他。結果，他的每個目標都將是為了取悅父親，其次就是取悅周圍的男性：配偶、伴侶、兒子、男性合夥人或上司。

❧思考與分析的方法（第二方位）

他的思考模式基準來自於父親，即使在他眼中，母親似乎更有支配欲，或是他以為母親對他的生命更有影響。然而父親的種種機制，在他潛意識裡記錄得更為深刻，只要他沒有意識到這一點，在頭腦與心理層面上，他會一直採用相同的態度，即使他深信自己的思考模式完全自由、完全出自他的個體。他在初次接觸某項事物時，會抱持相當程度的疑慮與不信任，尤其是對陌生人。他會輕易論斷他人的弱點，以及那人是否具有能力。這類型的五角星主人必須了解，所有的想法都是能量的形式，而且能量一直在流動。所以他的那些想法對他的環境與實相，將會造成某種程度的影響。他常常會發展出旁人認為頗抽象、頗另類的想法。他完全不在乎被別人看成是怪人、荒謬或前衛，事實上，眾人的想法反而使他覺得有意思。

行動、溝通與落實的方式（第三方位）

> 拙劣的建築師與熟練的蜜蜂，
> 立刻能將兩者加以區別的是：
> 前者先把窩建在腦袋裡，然後才建在蜂巢裡。
>
> *馬克思，1818年5月5日出生*

第十型的心裡對更好的世界具有偉大的想法。不過，他的反應與行動不一定能讓大部分的普通人了解和接受。

他喜歡就哲學與心靈進行長時間的討論，內容觸及生命的每個層面，而且對這些論題感興趣的人能吸引他。他一直在觀察環境中的每個反應與行動，但他個人在做出行動之前會猶豫很久。等他漸漸從對話者那兒得到了信心，他就敢說出自己想要的，並能拿出智慧付諸行動。不過有一點很矛盾，他在某些情況下，會毫不控制自己的言語，可能會讓所有周圍的人吃驚，事後自己也很後悔。如果他能自我修鍊，等到情緒發展成熟後，這種狀況就會很少見了。

他常常會擔心別人不了解他在做什麼或說什麼，所以偶爾他會有衝動的反應。他越進化，就越能尋求開放的溝通，表現出同理心。不然的話，他會傾向於直接發號施令而不考慮後果。他可能會採用這種威權的態度，以遮掩自己的害怕與缺乏自信。

此外，如果有人激怒他，他會乾脆忽視那個人或是和他「賭氣」。他應該學會把注意力集中在人與人的互補上，而不是把「弱點」這種相異處拿出來評斷。

他的紀律、堅持、適應力、他對安全感的需求（第四方位）

> 時間是我們唯一能支配的東西。
>
> *海明威（Ernest Hemingway），1899年7月21日出生*

第十型的內心深處相信，只要願意，一切都能實現。如果他能學著活在當下品嚐生命，這個想法就會變得很實際。然而他時常卡在過去的經驗中，它們限制了他對未來的展望，阻礙他真正地發展自我。如此一來，他的心中會一直有股騷動，讓他很難找到真正適合他的空間。偶爾的獨

處對第十型來說非常重要，他得稍作抽離，冷靜地思考，重新找回內心的和諧，因為外界的混亂很容易影響到他。如果他能認出自己的恐懼並與它對話，恐懼可以被「稀釋」甚至解體。不過他必須處在平衡的框架之下才能做到這一點。

❧ 對人際關係的需求與態度（第五方位）

嚴肅的人很危險；
他會自然而然地變成暴君。

西蒙‧德波娃（*Simone de Beauvoir*），*1908年1月9日出生*

第十型的人在進化的過程中，首要的準則是對自我提出異議與批評，不要總是去挑外界早已存在的缺點。如果不這麼做的話，他有可能會高估了自己，周圍的人也會被他具有侵略性，兼以不太謙虛的態度給嚇跑。應該要訓練自己聆聽的能力，要能接受「具有建設性的批評與意見」，如果有人做出不是自己期待的反應時，不要生氣。第十型的人若是處在大型的團隊中，幾乎總會把自己放在某個特殊的位置上，採用不尋常的反應與姿態，將自己區別開來。

事實上，他時常對自己缺乏信心，就連他「完美主義」的那一面也起不了鼓勵的作用。因此他覺得必須在人際關係中，具有某種控制的力量，他可以把它切換成權力的姿態──雖然他本意並非如此。他確實可以輕易察覺到周圍的振動，而且時常感到自己必須為生活的空間奠定秩序。他認為必須保護社會中，讓他視為「較弱」的成員。他可能經常被「扯入」家庭的衝突中，大家要靠他來重建秩序與安全感。這種模式在他很小的時候就已發生，對於兒童或年少的人來說，他所承擔的角色在重要性與責任感方面，都超出了正常的範圍。這或許是他傲慢與注重權勢的基點，但他自己沒有意識到。

❋家庭關係、對物質的態度、再生能力及生命的能量（第六方位）

第十型在家庭中的位置，很少能得到明確的定義。他通常扮演調停或予人安慰的角色。當他處於「美好的時光」時，他就和普通小孩沒什麼兩樣，但遇上危機時，大家會期待他比別人更堅強。關於遺產、恢復寧靜與擔負責任，這種其他人都拒絕接受的事，通常得由他，來負責「公平地」分配「財物」。

有的時候，他會覺得如果自己不謹慎，大家似乎就會濫用他的「善良」。他根據旁人的情緒行事，這一點讓他很累，這也是為什麼對他的身體、心理與精神上的健康來說，他必須擁有把自己孤立起來的時候，好為自己充電。他的個性允許他成為領袖，能為群體意識帶來真正的改革與進步。不過必須當他不再執著於獲得重視、獲得欣賞、需要取悅別人的時候，他才能達成這個目標。

❋個人特性與身分認同（第七方位）

他一生都在討論的問題就是：「如何把物質與精神上的種種嚮往結合起來」，「如何活出自我的特性，同時又對世界做出貢獻、創造更多的和諧與安寧？」生命的基本問題始終在他心裡窺伺。他小時候一點也不確定自己到底要什麼。有時他會選擇某項活動，並不是出於信念，而是出於對物質的需求，或只是覺得這麼做不錯。學業也許能滿足他對知識的渴望。不過，他常會一直夢想當個「彼得潘」，活在想像的世界，那兒能發生許多非凡美好的事—在日常生活中則不可能實現。

為了能夠真正地體驗生命，他必須不斷抗爭，保衛他的自主性與自由。此外，他在生活中會時常遇上物質的限制。

他在別人眼中很有吸引力，是因為他經常忙著為周圍的人尋求最好的解答，幫助他們改善生活。

❀面對愛情與伴侶關係的態度（第八方位）

第十型的愛情生活可能會出現好幾個矛盾的地方。他一方面夢想著愛情、溫柔、心心相印，另一方面又害怕太過接近、長久的承諾。這種機制帶來的結果，是他常常會吸引兩種類型的伴侶，要不就是非常依戀、依賴他——這一種很快就會讓他透不過氣來；要不就是超級獨立型，讓他難以完全掌握，隨時會從他的身旁溜走。當他處於激情中的時候，關係能進展得十分快速，但接下來就會發現自己的情況變得複雜起來，進入漫長的猶豫狀態，以至於另一個失去了信心。他能從一個極端轉換到另一個極端，起因於他的「怪異」，不過這也為他添加了些許神祕的氣息和某種魅力。

他具有聆聽自己心聲的直覺與智慧。然而他首先必須認出，腦袋中阻止他相信直覺的機制——通常是無所不在的。他得拿出勇氣走上內心指引的道路，就算這條路有時會帶來痛苦的經驗與犧牲。

由於他對自己缺乏信心，所以只有當他身旁有個伴時，他才覺得「完整」。或許整個宇宙會要他孤獨地走過每條道路，好讓他打消這個信念。他這一生，只要他不修鍊自我，不改變自己對事物的觀點，他就會一直熱中於改變自己的狀態，同時也了解什麼都不會改變。

❀學習與吸收知識的方法，感興趣的事物（第九方位）

第十型的人會對所有能照亮人類生命的知識感興趣。成熟以後的他，往往能發展出療癒的能力。他經常被視為另類，因為敢於採納不守常規的生活方式，不懼怕旁人的評論與眼光。因此，很多改革的先驅者和革命分子都屬於第十型，他們有能力影響同時代的大眾思想：卓別林、華勒沙、保羅·克利（Paul Klee）、西蒙·德波娃、拿破崙、賓拉登、海明威、馬克思。如果他選擇「愛」作為主要的動力，他就更能發展自己的直覺，進而發現引導自己行動的真正動機；因為知識與邏輯會阻礙他的想像力、創造力，以及接受世上存有奇蹟的信念。要想體驗生命中的

禮物，他必須把自己從論斷、偏見與悲觀的想法中解放出來。第十型的一生，隨時都會遇上強迫他進化與改變思想、行為模式的情況，這是因為在他的心靈深處，他夢想經歷重大的改造，而改造必須經由改變。

❧使命與任務的完成（第十方位）

為了在世上留下成績，
大家必須團結一致。

西蒙・德波娃，1908年1月9日出生

第十型的人從小就覺得必須以可見的方法，改造與改變這個世界。這個機制能在頭腦中製造出許多騷動。他的直覺給了他療癒的天賦，通常能發展出治療的才能，以及從事需要表現建議能力的活動。他可以在教學、治療與寫作之間做選擇，此外尚有輔導諮詢師（coach）或是激勵他人的領袖。如果他有機會能在活動中運用他天生的威權，他會感到更快樂。

物質條件可能會拖慢他實踐人生目標的腳步，這和他對金錢具有限制性的想法有關。如果他能拿出勇氣與創造力，如果他能正視自己的信念，他就能以創造力來運用信念，超越他給自己設下的限制。

第三篇
五角星的方位

五星能量術九個典型中的每一個，都能以專屬的方式擁有生命中各不相同的面向，這些全都仰賴於五角星的各個方位，是以何種方式呈現。這些明確的方位，能指出五角星主人把焦點集中在生命的哪個領域，哪些方位需要更多的療癒——例如數字出現兩次的方位，哪裡具有發展特殊才能的可能性，我們可以自由又極富創造力地探索哪些領域……。每個方位都與生命中某個特別的面向有關。

五角星各方位的代表意義

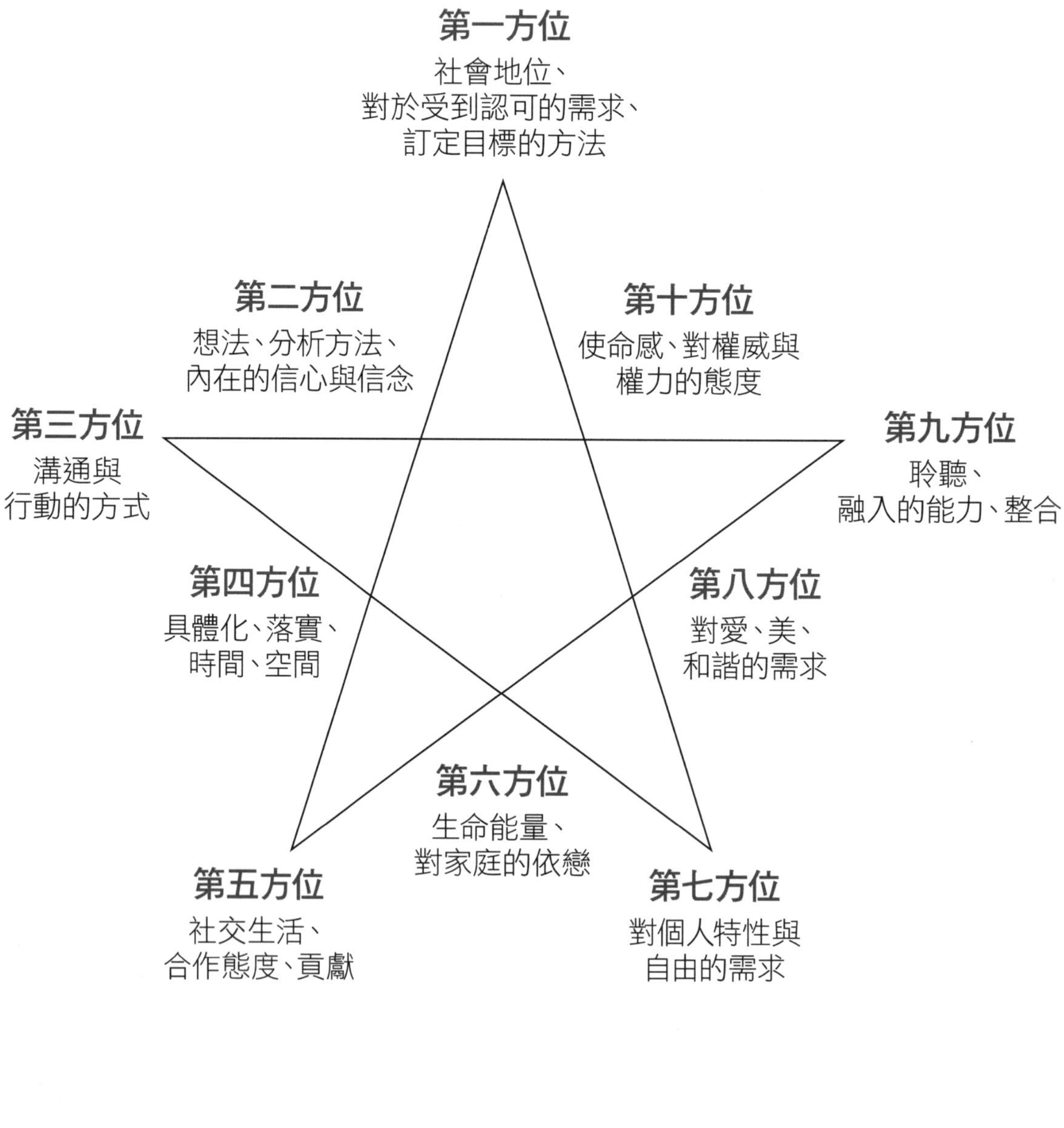

第一方位
社會地位、
對於受到認可的需求、
訂定目標的方法

第二方位
想法、分析方法、
內在的信心與信念

第十方位
使命感、對權威與
權力的態度

第三方位
溝通與
行動的方式

第九方位
聆聽、
融入的能力、整合

第四方位
具體化、落實、
時間、空間

第八方位
對愛、美、
和諧的需求

第六方位
生命能量、
對家庭的依戀

第五方位
社交生活、
合作態度、貢獻

第七方位
對個人特性與
自由的需求

五角星靜態與
動態數字的象徵性

　　五角星也可以用房屋加以象徵。沒有數字的方位代表窗戶，一個靜態數字代表一道承重牆。人可以從窗戶被動地觀察世界，也可以選擇投入，積極地參與事件。牆是很重要的，用來支撐房屋。沒有牆，房子會垮。有道牆看起來似乎理所當然，而且十分普通。然而，它偶爾也需要整修，也就是說必須重新審視這個面向：「重新漆過的牆，讓人感覺非常好。」

　　如果房子裡有道裂開的牆，我們會一直想要盯著它，目光會被這個有缺陷的物品吸引。結果我們可能會忘了屋內其他所有美好的物品；再也無法享受身旁那些美好的事物並從中獲得快樂。為了這個原因，整修房屋非常重要，這樣才能重新尋回家中的幸福。遇到這種情形，我們通常需要請專家來進行整修，為了使那道牆成為真正的傑作，投資很重要。

　　正如建築師建造房屋一般，宇宙也規劃了五角星的每個階段：

1. 視野、選擇與規劃的方向
2. 分析、制定與評估案子的方法
3. 完成案子必須著手的行動
4. 案子的驗證與批准
5. 整個規劃的構造
6. 材料的取得
7. 為每個個體分配空間
8. 為住民提供舒適的裝潢與和諧
9. 邀請外界慶祝落成
10. 轉變

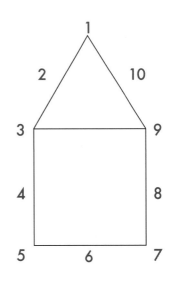

我們每個人都會根據自己的個性、優缺點與特異性，不斷經歷這十個階段。

五角星沒有數字的方位象徵什麼

房屋的窗戶

例 柯林頓（Bill Clinton），1946年8月19日出生

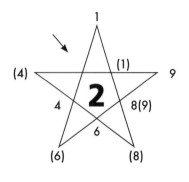

這個五角星只有第二方位沒有數字。空的方位象徵此處代表的面向具有完全的自由；發現與冒險。生命的這一面以自然、單純，時而懷舊的方式進行。窗戶呈現出未知的地域，有待探索，但是需要努力才能走出去。空的方位要求個體拿出勇氣、培養開拓的精神，以便獲得新的發展方向，獲得新才能。這個面向雖然不是最重要的，但它在特定的領域中並沒有表現出任何約束。正因如此，個體能從中得到最大程度的創造力、靈感與發展。

具有一個靜態數字的方位象徵什麼

承重牆

例 柯林頓，1946年8月19日出生

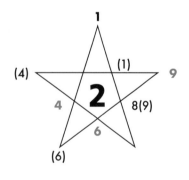

在這個五角星中，承重牆是標上紫色粗體數字的方位。它們象徵可靠性、安全感、信心、經驗、既有的能力、肯定的價值。那是我們可以信賴的成果，也是我們清楚了解的那一面。它在生命中是可以預見、可以計算、有規律的部分。這些領域一方面代表了感覺舒適的區域，但另一方面也能變成陷阱，意思是指這個人在接觸生命的這個面向時，會傾向以相同的規則，一直採用相同的方法。它是沒有彈性的牆。

La pentanalogie miroir du destin

具有兩個靜態數字的方位象徵什麼

需要整修的承重牆

例 卡拉絲（Maria Callas），1923年12月3日出生

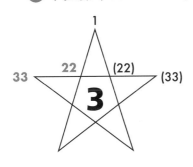

在這個五角星圖中，需要整修的承重牆是標上紫色粗體數字的方位。它們代表該特定領域會一直受到注意，也是痛苦的來源。個體或許會因而忽略或不去了解生命的其他地帶。從因果的角度來看，由於上一次輪迴沒有達成在這個層面中訂定的目標，和個體某個有待克服的困難有關。出現兩次靜態數字要求對自我進行修鍊，以重新找回該特殊領域的平衡，才能完全康復，再度與五角星的所有面向和諧共存。

具有三個或更多相同靜態數字的方位象徵什麼

主牆，建築師的代表作

例 季斯卡（Valéry Giscard d'Estaing），1926年2月2日出生

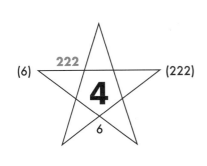

在這個五角星圖中，傑作牆是標上紫色粗體數字的方位。想像建築師在房子的中心位置設計了一道牆，吸引了所有的目光。這面牆很有吸引力，但裝潢起來不容易，必須「量身訂做」。這位五角星主人擁有三個或更多相同的靜態數字，會過度尋求傑出性，通常會要求過高。五角星主人必須學習品嘗生命中微小的樂趣，適時抽離，知道如何避開對完美與全然卓越的需求。單純而平靜的幸福，足以吸引所有的人，但對這個星型而言似乎太過平凡。各種程度上的複雜性與豐富性，更讓他感興趣。這種星型使人擺盪在下列兩點之間：在特定領域中超級活躍，或是處於孤立的狀態，覺得自己早已麻痺、一無所有。

一個動態數字出現在一個靜態數字的旁邊，給五角星帶來了新的維度。承重牆原本堅固不變的面向，現在有了更多的活力。此時，不能移動的牆變成配了鎖的門。如果是兩個靜態數字，這道牆則仍然保持不變。不過動態數字還是能稍微減輕它的強度，轉變與進化的過程也會比較容易。

具有一個靜態數字與一個動態數字的方位象徵什麼

門上配了看得見的鎖

例 哈利・貝拉方提（Harry Belafonte）*，1927年3月1日出生

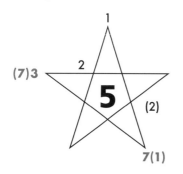

在這個五角星圖中，配了鎖的門是標出紫色粗體數字的方位。五角星主人有辦法把方位特性轉變成符合自我人格的真正才能。靜態與動態數字的結合，在此層面上表現出卓越的潛能。個體可以選擇在這個領域發展出真正的才華，或是任由房門關著。

具有一個靜態數字與兩個動態數字的方位象徵什麼

門上配了有缺陷的鎖

例 烏蘇拉・安德斯（Ursula Andress），1936年3月19日出生

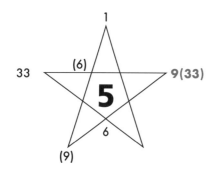

在這個五角星圖中，鎖頭有缺陷的門是標出紫色粗體數字的方位。它指出上一次輪迴時，這個特定領域曾經出現過打擊，導致五角星主人在此層面，因為害怕與不信任，傾向保持受害者的姿態。他很容易覺得受到侵犯，需要別人的建議與鼓勵，才能正視這個面向。

＊譯註：美國藝人，積極從事社會運動

La pentanalogie miroir du destin

具有一個靜態數字與三個或更多動態數字的方位象徵什麼

非典型且有雄偉的門，配上可以轉三圈的鎖，通常是關著的

例 茱蒂·佛斯特（Jodie Foster），1962年11月19日

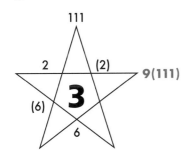

在這個五角星圖中，非典型而又雄偉的門是標出紫色粗體數字的方位。個體在此領域擁有大師般的才能，但很難把自己放開。雖然他能出色的展現自我，但常常需要很長的時間才能拿出具體的表現，邁出第一步。在這個層面上，周圍的人常常覺得他像個難解的祕密，不了解他的態度。

具有兩個靜態數字與一個動態數字的方位象徵什麼

有缺陷的承重牆上開了一扇門

例 希區考克（Alfred Hitchcock），1899年8月13日出生

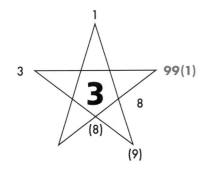

在這個五角星圖中，有缺陷但開了門的承重牆是標出紫色粗體數字的方位。上一次輪迴的時候，在這個面向出現不好的經歷，或是在這個層面定下的目標沒有達成。不過前一次的生命已經找到，或察覺到解決的方法。五角星主人知道如何解決，但常常缺乏勇氣「打開那扇門」。他在這個層面上害怕失望，擔心會再一次受傷。

具有兩個靜態數字與兩個動態數字的方位象徵什麼

有缺陷的牆開了有缺陷的門

例 羅曼・波蘭斯基（Roman Polanski），1933年8月18日

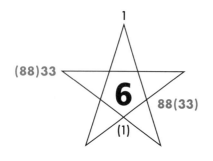

在這個五角星圖中，有缺陷的牆開了有缺陷的門是標出紫色粗體數字的方位。五角星主人首先讓人感受到的就是這個面向。這種組合使他很容易受傷。他在上一次的生命中受過傷害，可能會採取「一朝被蛇咬，十年怕草繩」的態度。為了康復，這個部分需要外界的幫助才能克服傷害，重新以獨立、從容的方式，體驗這個面向。

具有一個動態數字的方位象徵什麼

沒有裝鎖的門（第一眼無法看見的鎖）

例 雷歐內・塞吉歐（Leone Sergio），1929年1月3日

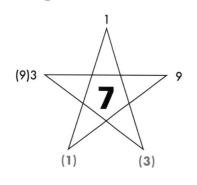

在這個五角星圖中，沒有裝鎖的門是標出紫色粗體數字的方位。五角星主人擁有採用特殊方式處理這個面向的能力，但他缺乏信心與肯定。這個領域的經驗可以啟發他，幫他發現自己的能力。他在生命中追求這個面向，但會放任自己受到影響、任人擺布。紀律、韌性與勇氣可以幫助他發展這個面向的才能，獲得信心。

具有兩個動態數字的方位象徵什麼

有缺陷、沒裝鎖的門

例 瑪麗蓮・夢露，1926年6月1日出生

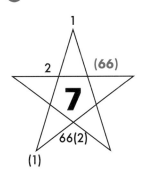

在這個五角星圖中，有缺陷、沒裝鎖的門是標出紫色粗體數字的方位。五角星主人覺得自己一無所有，既無防衛也無保障。上一次輪迴時，曾在這個領域遭受打擊的他，認為自己沒有能力，沒有信心在這個領域發展自我。恐懼與負面的回憶刻印在他的潛意識，導致他太過敏感，驅使他在這個領域裡要一直保護自己。不過他也有可能認為，必須不斷提出自己有能力的證明。有時，他會乾脆拒絕體驗這個面向，把這部分的門全都關上。就像某個性能失去了效力，必須把它重新找回來一把鎖補上去，加以整修。

具有三個動態數字的方位象徵什麼

很特別的門，有許多裝飾、很吸引人

例 阿茲納夫（Charles Aznavour）*，1924年5月22日出生

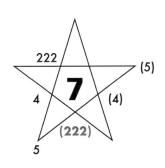

在這個五角星圖中，有許多裝飾、很吸引人、很特別的門是標出紫色粗體數字的方位。五角星主人希望在這個部分能有別於群體，受到注意。不管是對自己或對別人，要求都會很高。期待十分龐大，而且鮮少得到滿足。始終覺得自己不被理解，討厭平庸，會在這個領域尋求挑戰。

＊譯註：法國歌手

數字在五角星
各方位代表的意義

數字能加強方位中的面向。因此，無法在個體的命運中忽略這個面向。一個
五角星具有十個方位。五個奇數方位，位在星星的頂角，代表陽性的資質。

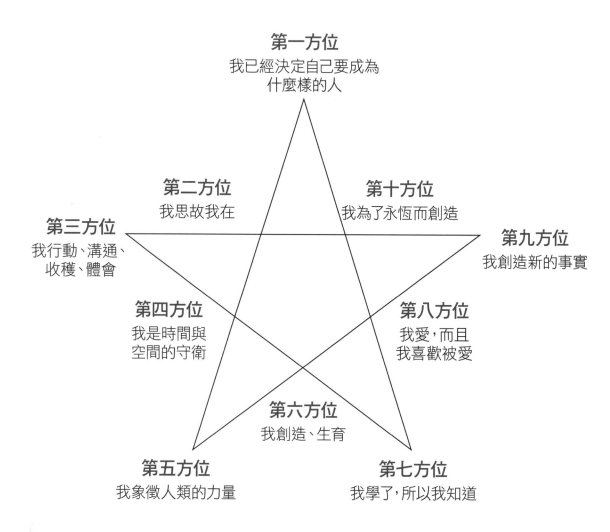

第一方位
我已經決定自己要成為
什麼樣的人

第二方位
我思故我在

第十方位
我為了永恆而創造

第三方位
我行動、溝通、
收穫、體會

第九方位
我創造新的事實

第四方位
我是時間與
空間的守衛

第八方位
我愛，而且
我喜歡被愛

第六方位
我創造、生育

第五方位
我象徵人類的力量

第七方位
我學了，所以我知道

La pentanalogie miroir du destin

奇數屬於太陽的、男性的、有活力的、積極的。五個偶數位在星星內部的方位上，代表陰性的資質。它們屬於女性的、靜態的、接收的、月亮的。

如果我們把每個數字視為存在的個人能量，那麼每個數字都會把自己的方位視為至寶，加以保衛。每個能量都來自宇宙，它們表現自我，有如具有神性能量的面向。每個數字的運行代表某種典型。沒有任何一個是完美的，也沒有哪一個比另一個更優秀。

我們的命運在軀體出生很久以前就存在了。我們出生時帶著由前世組成的計畫表。五角星給了我們把計畫表解碼的線索。每個數字表現出個人的特性、資質，以及有待克服的障礙。

隨後的章節會介紹每個數字與每個方位可能出現的組合。

五角星的方位與軀體間的關聯

　　許多研究指出軀體與精神之間的關聯。五角星也能進行相同的運作。所有進化與解放的作用，都能正面影響到我們軀體的狀況。

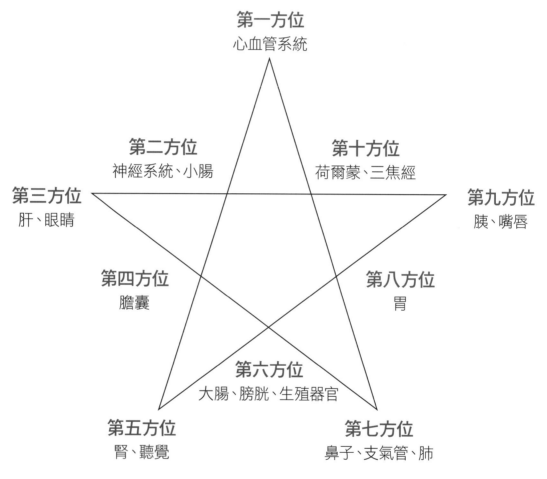

第一方位
心血管系統

第二方位
神經系統、小腸

第十方位
荷爾蒙、三焦經

第三方位
肝、眼睛

第九方位
胰、嘴唇

第四方位
膽囊

第八方位
胃

第六方位
大腸、膀胱、生殖器官

第五方位
腎、聽覺

第七方位
鼻子、支氣管、肺

　　自由的方位指出自由的能量運轉。方位上有兩個或三個數字表示軀體該部分有某些弱點。特指的器官可能會出現超級運作或休眠的狀態，所以在這個層面上必須提供更多照護。例如兩個數字5指出腎功能並不強。具有這種星型的人必須為腎臟系統採取特別的措施；補充足夠的水分，定期進行檀香純露療程，使用黑雲杉精油或杜松精油按摩腎臟部位。

La pentanalogie miroir du destin

第四篇
五角星的數字
與其方位

1
我已經決定自己要成為什麼樣的人

　　我是第一個，所有數字中最有力量的那一個。我是先驅，積極、獨立、充滿個人主義與野心。我是天生的領袖，知道如何運用意志力。我的能量與做決定的力量，使得一切變得可行。我能克服障礙，絕不容忍任何抵抗。我採取主動，做出決定，我知道宇宙間什麼都有可能。我是一切的開始，宇宙的第一顆原子，我從混亂（數字0）中出生。獨立的我看不見限制與約束。我天生就是為了開啟個人進化的道路。堅強的意志讓我永遠都能達成目標。我的自負驅使我相信人人並非平等。不過，完成目標的需求驅趕著我，有時我會因為不斷想要出頭，而忘了活著。我應該記住，外在的成功仰賴內在的成功。我創造出分離、區別……。

　　數字1出現在五角星內，指出自我對實現目標的需求度。由於個體與實現目標連在一起，所以他會發展出野心與競爭的心理。沒有實現的能力會被看成失敗，並由此產生痛苦。自我必須不斷做出選擇，如果他發現自己沒有處在正確的道路上，他會很難改變方向，找出新的解決方法。隨著進化的腳步，數字1會變得更有彈性，學會改變策略與視野，更知道如何融入。

芳香療法

　　五角星主人的生日有一個或多個數字1：絲柏精油能幫他把注意力集中在重要的事物上，甩開「不必要」的部分。廣藿香、岩蘭草、穗甘松有助於獲得更多的信心，也有益於心血管系統；出生日期中有好幾個數字1的人，在這部分可能比較弱。乳香、欖香脂有助於客觀看待事物，使頭腦更靈活。玫瑰精油能幫他引導心中的知覺，表現出愛與同理心。依蘭、橙花、佛手柑葉能促進第二脈輪的活動，由此發展出幽默感、創造力，不再緊繃。真正薰衣草帶來開放的心靈，對抗

僵硬的頭腦。數字1的缺席可能代表缺乏野心，並對他人的操控很敏感。然而，這樣的面向也在行動與抉擇上，表現出極大的自由，在遇到障礙時擁有改變視野的彈性。如果沒有數字1，個體不會過度重視結果，因此當命運的方向改變時，承受的壓力也較少。

芳香療法

五角星主人的生日沒有數字1：大西洋雪松或喜馬拉雅雪松精油有助於訂定目標，使他獲得更多的決心與勇氣。歐洲冷杉、鐵杉、喜馬拉雅冷杉能讓人振奮，激起生命能量，製造出能量的保護網，使人更能表現自我。芫荽有助於看見自己最重要的真相。五角星的第一方位定出自我的選擇。他的確定程度來自他的選擇與決定。這個選擇是有意識的還是無意識的，來自外力還是內心？

對照身體的部分：五角星第一方位影響心血管系統。

☘第一方位的組合變化

第一方位只有一個1。這個星型需要對訂定的目標具有明確的看法。執行目標的過程堅決而果斷。五角星主人尋求完美實現目標，厭惡未來不明確的狀況。個體在一生中為自己定下明確的目標，而且很有能力完成所有定下的目標。他的嗜好可以成為使命，而且不論是理想性的還是物質上的，都有可能實現。然而對成果的執著，是不小的壓力來源，有損思想上的彈性。

第一方位出現兩個1。這個組合代表很大的矛盾。一方面想以堅決、充滿野心的方式執行目標，另一方面又想放手，期待事情自己進行。因此，想要定出先後順序就變得很困難。有時五角星主人會很沮喪，因為他覺得自己「不得不」完成這些重要的任務，有時他又覺得不可能做出選擇。結果使得他周圍的人必須一直鼓勵他、為他說明理由，好讓他找出自己的使命，發展

得更充分。如果他能意識到自己的躊躇不決，在面對他人的建議時，他會表現出幽默感與開放的態度，生命也會帶來更多的成就。相反地，如果他以受害者、反對者的姿態面對他人，那麼他的生命將有如充滿束縛與痛苦的旅程。

第一方位出現三個或多個1。只要五角星主人願意，什麼都可以達成。宇宙賦予他很大的獎勵。他屬於那種通常任何目標都能成功完成的人。不過，他必須學習擺脫自己對完美的需求——它會毒害他的生命，使他變得永不滿足。他必須表現出幽默感，學著嘲笑自己，給自己更多娛樂與自由的時刻，讓自己變得有彈性，具有適應的能力，才能在生命中感受到更多的喜悅。

第一方位出現一個1與一個動態數字。這個組合表現出五角星主人具有特殊的天分來完成目標。他會一直感受到有股內在的壓力，驅策他執行任務，因此他很清楚地知道，什麼是他必須做而不是他想做的。職業的選擇奠基於工作帶來的實利，大於內心的想望。他常常覺得一次只能完成一個目標，這種狀況帶給他不少壓力，因為他會害怕不能完成所有他想做的。

第一方位出現兩個1與一個動態數字。五角星主人一次想要完成好幾個目標，不論是工作上還是感情上的都一樣。這條路走得很辛苦，但他能展現出紀律與堅強的意志力，因此他的目標通常得以達成。他最好把注意力集中在遠程的目標上，因為他偶爾會被眼前必須落實的事項淹沒，它們看起來就像無論如何都得越過的高山。如果他能發展出長遠的眼光，就能擺脫立即收成的要求。這樣的話，就算是最為深遠的夢想也能實現。

111(.)

第一方位出現三個1與一個動態數字。落實自己的看法最重要。五角星主人一開始總想讓他人接受自己的主意，不聽別人說什麼，也不接受建議。等到他發現這個策略行不通時，才主動尋求建議——雖然在他眼中這是軟弱的表現，而且他絕不認為自己是弱者。生命中的經歷教導他要節制。為了進化，他必須發展團隊精神，適度抽離自己對個人主義的需求，這樣就能比較輕鬆地克服障礙，獲得成功。

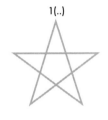
1(..)

第一方位出現一個1與兩個動態數字。這個組合對落實目標懷著感傷的心情。五角星主人必須很有紀律，很有意志力，才能達成目標。路途看起來會很辛苦，必須克服很多障礙。然而只要他有意願，能夠定出長遠而明確的目標，他的努力必能成功。

11(..)

第一方位出現兩個1與兩個動態數字。五角星主人渴望實現自我、發展自我，但不知道自己真正要的是什麼。他覺得沒有辦法去做自己想做的事，認為大家都在阻撓他。修鍊自我可以幫他認清真正的才能，看出內心深處的渴望。接下來他就能為自己定出清楚而明確的長程目標。還有一點也很重要，那就是發展信心，接納他人的建議。

第一方位是空的。五角星主人很幸福，他能自動自發地做選擇，具有足夠開放的精神，可以隨時改變方向。自由的他，不覺得一定得不惜代價地完成某件事。當他擁有某些想法、某些想要完成的主意時，他不會讓自己承受壓力，而是以自己的節奏，依據自己的作息選擇適當的途徑。一旦下定決心，他通常不會在乎物質上的限制，也不畏懼挑戰。然而，為了實現他的夢想，他必須把自己從熟悉的行事流程中解放出來，培養正面的想法。他應該努力完成自己確實想要做的，而不是別人強加給他的目標。

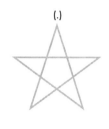

第一方位出現一個動態數字。這類型的五角星主人具有開放的頭腦，很有彈性。他有能力訂定目標，但可能會一直質疑這個目標。這個特性尤其在他改變環境的時候更明顯。通常他會有好幾個不同的職業經驗，他也喜歡接受暫時性的任務。他尋求進化與改變，對於是否要把自己定下來，猶豫不決。一般而言，他的生活會有很多變化。周圍的人可能會覺得他捉摸不定，有時優柔寡斷，容易被影響。他應該學會定出清楚的目標，不要讓這個目標輕易遭到改變，他才能確實走上成功之路。

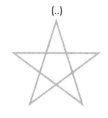

第一方位出現兩個動態數字。落實目標的欲望很強，無所不在，這類型的五角星主人有滿腹的主意與想法。這個組合比較能在團隊合作中獲得成功，前提是要聆聽旁人提出的看法與建議。不過，五角星主人可能會覺得其他人都要控制他，是他比較無法接受的事。如果他能更加考慮群體的需求、如果他能確實融入群體、把自己從高度的個人主義中抽離出來，他的努力就會成功。

第一方位出現三個動態數字。這類型的五角星主人喜愛非凡出眾、非典型。越是不尋常的事，就越能喚醒他的興趣與熱情。由於他不斷尋求卓越的性質，以致偶爾會忘了欣賞日常生活給予的禮物。如果他能學會欣賞所謂的「平庸」，那麼宇宙會為他獻上非凡的事物。如果他能學會欣賞日常生活中「微不足道的勝利」，日後他會擁有了不起的未來。

2
我思故我在

　　我不斷與數字1對話，以自我為中心的他，讓我活得很辛苦。我擺脫了自負，在「我」和「你」之間尋求平衡。我不能離開他人而活，但是我也忍不住想要改變他們。我聆聽、分析，我喜歡衡量「同意」與「反對」孰輕孰重，看見對立與對比。我懷疑世上是否有理想的解決方法。我尋找哲學的啟發與觀念，以便加以分析，甚至批評。我不斷提供我的想法給所有的人，但是我把落實想法與實際操作的部分留給他們。我接受犯錯，可以選擇光明，也可以選擇黑暗。我很敏感，擁有接納的能力。我是模範顧問。我看來好像很溫順，那是因為要讓他人更能接受我的想法。我只是表面上把自己放進模子裡。有時我會採取各個擊破的方法。我必須學會擺脫自己的懷疑與批評。

　　五角星出現數字2，指出不斷需要進行思考、分析、評估以及做出了斷。它還指出哲學與深入鑽研的吸引力。不過數字2也可能會迷失在自己的理論中，而且在不斷考慮肯定還是否定的時候，他會忘記落實自己的想法。思想，構造出我們的態度與價值。意識到自己的想法，看見這些想法為我們創造出生命的價值，是件很重要的事。我們寧願花時間去探討哲學、分析、深入研究、做出綜論、為他人提出建議……。我們很難拋開理論，進而身體力行。如果沒有數字1、3、4的話，這個面向會更加明顯。必須要學著敢於去做，不要想太多。

芳香療法

　　五角星主人的生日有一個或多個數字2：月桂精油發展勇氣，有助於採取行動不至於想太多。檸檬精油薰香能帶來專注與中肯的分析。松柏類的精油具有提振、激起生命能量的作用，傳遞更多的耐力，因為具有數字2的人，有時會忙得

昏天黑地，而且常常神經緊張。羅馬洋甘菊能舒緩、平息焦慮的心情，從批評的狀態抽身。加州胡椒與黑胡椒精油能幫他擺脫腦袋裡的評估，向前邁進。

沒有數字2可能代表沒有深入分析事物的需求。這種面向有利於行動上的衝勁與自發性。五角星主人應該學著先想後做。他的想法可能是直覺的。具有開放的精神，能接受多種思考方式，但具體事物吸引他的程度大於理論。

芳香療法

五角星主人的生日沒有數字2：檀香與阿米香樹精油能使人「鎮靜」，不需要趕著做事。它們能發展智慧與判斷力。欖香脂讓人集中注意力，三思而後行。玫瑰天竺葵吸引正面的事物。數字2的方位決定我們思考的方式，以及我們和母親與大部分女性的關係。數字2加強我們的信念、信仰，以及所有從這些想法生發出來的情緒。

對照身體的部分：五角星第二方位影響神經系統與小腸。

第二方位的組合變化

第二方位只有一個2。這個星型指出做決定之前，對分析、深思與計畫事物的傾向。這類型的五角星主人經常展現他的直覺與巧思。他喜歡和周圍的人分享他的想法，尋找解決的方法——多虧了他的思考能力。他不喜歡處於有壓力的狀態，會採用自己的節奏行事。他時常感到自己需要充電。不會過度工作的他，知道如何表現出清楚、明智的頭腦。一般而言，他能客觀看待女性，以及生命中與女性有關的面向。

第二方位出現兩個2。這類型的五角星主人時常表現出高度的直覺，他有能力察覺別人放在心裡而沒有說出口的事物。然而，如此的敏感度有時可能會在思考結構中製造出許多疑慮與猶豫。他能採取極其注重實效的態度，但也可能會迷失在哲學

La pentanalogie miroir du destin

性或精神性的推論中。通常他和母親的關係不太好，缺乏幽默感、客觀性與輕鬆的時刻。這種態度隨後常常會反應到其他女性身上。可能會把她們理想化，或是認為她們專制、嚴厲，讓他透不過氣。他的思想結構非常複雜，有過度分析事物的傾向。應該學著發展樂觀的心態，相信命運，學著了解任何心思都有可能具體化。換句話說，應該和生命和解，脫離自己的偏見。

第二方位出現三個或多個2。 這類型的五角星主人從小就覺得，自己擁有出色的想法，能夠成就不同凡響的事物。不過周圍卻很少有人能了解他，因為他常常被人認為是理想派，不夠實際。他具有高度的直覺，能接收周圍的能量，像地震儀一樣準確，通常他能在溝通的時候，察覺那些最細微的含意。不過他傾向於認為別人的水準都不夠，因此對他們生出疑慮。這種超敏感度常常讓他覺得有必要把自己孤立起來，提防接收那些「能量的訊息」。母親扮演了非常重要的角色，她很可能認為五角星主人天賦異稟或是很有才華。因此使他生出「上帝創造女人」的信念。往往最重要的事，就是和女性之間的關係。他欣賞所有的女性，但她們也會使他透不過氣，於是自由就成了這個五角星最重要的價值，也是最主要的監獄。他應該學著管理高度的敏感，因為他有任由情緒與怒火將自己完全占領的危險。

第二方位出現一個2與一個動態數字。 在這類型的五角星主人小的時候，母親對他的思考方式具有很大的影響。成年以後隨著情感的成熟，他能擺脫之前的模式，在思想層面上變得更獨立、更清晰。他的想法表現了直覺與巧思，樂於和他人分享自己的觀點。他不喜歡處於壓力中，傾向跟隨自己的節奏行事。他的夢想是擴大眼界，使自己更審慎，擁有更多知識。

第二方位出現兩個2與一個動態數字。直覺很強，這類型的五角星主人與他人溝通的時候，能察覺對方沒有說出口的事。非常敏感的他，一直懷有疑慮，優柔寡斷。他時常會碰上消極的、具有破壞性的人。這個星型的進化需要和批評與論斷保持距離；此外，他有不惜代價什麼都要搞清楚的傾向——不要向這個欲望讓步。他還必須擺脫來自周圍的衝突，不要覺得凡事都跟自己有關。他和母親的關係或許會顯得複雜，有許多話沒有說出口。會一直傾向過度分析，想要改變他人。

第二方位出現三個2與一個動態數字。和上述具有三個2的情況相同，這類型的五角星主人從小就覺得自己擁有出色的想法、能夠成就不同凡響的事物。他同樣也覺得別人很難了解他。不過，在這一次的輪迴中，宇宙賦予他特殊的才能，讓他脫離「分析、評估、論斷……」的循環。修鍊自我能讓他更注重實務，面對不斷尋求新奇事物的欲望能保持距離，並學會如何欣賞眼前的時光與其中的獻禮。

第二方位出現一個2與兩個動態數字。他的思考與生出想法的方式，主要仰賴周圍的人。就某方面來說，這類型的五角星主人不喜歡自找麻煩。他的困難主要在於保持客觀，考慮單一事物的所有面向。以下兩點很重要：對自己更有信心、在思考方式上取得更多的獨立。他必須發展識別與選擇的能力。如果他能使自己免於受到操縱，擺脫負面、具有破壞性的影響，他就能擁有創造力、清晰與明智的精神。

第二方位出現兩個2與兩個動態數字。「如果能用複雜的方式行事，為什麼要把它變得很簡單？」這類型的五角星主人常常把這句話當做生活中的「主旋律」。大部分的時候，他覺得沒人了解他，而且他也不了解別人。這個複雜的思想結構是他小時

候受到母親的影響而有的。他很難了解「母親」這個人。許多因素混在一起（他不了解的母親、傾向過度分析），不斷製造出種種信念與規則，強加給他不少限制，阻礙他進化。他必須克服憂慮與害怕，擺脫受害者的姿態，培養長遠的眼光，這能防止他迷失在日常生活的困境中。

第二方位是空的。這類型的五角星主人可以發展出新的思考與分析事物的方式。關於精神與哲學方面的選擇有著自由的想法，他能輕易接受各式各樣的思想與觀點。在他小時候，母親對他的思考能力有很大的影響。然而母親很少在他真正的感情中占有一席之地，她也很少說出自己內心深處的意見與想法。導致五角星主人不知道她到底想要什麼、她的感覺是什麼。由於這個不確定，五角星主人需要時間，等到情感成熟之後，才能在社會中找到自己身為女人的位置；如果是男性的話，就是如何接近與了解女性的方法。

第二方位出現一個動態數字。他的思考方式很有彈性，但也讓人猜不出來下一步會怎麼做。母親對他的思考與產生意見的方式，有著不可小覷的影響力。隨著時間的推進與自我修鍊，這類型的五角星主人可以找到自己的道路，擺脫偏見以及灌入腦中的既定格式。要做到這一點，必須對自己有信心，擺脫隨時可能出現的疑慮。

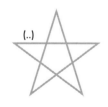

第二方位出現兩個動態數字。這類型的五角星主人對無法就事物進行整體思考與分析，感到遺憾。這一點似乎是個真正的挑戰，因為他小時候的環境，不見得允許這個面向存在。母親可能屬於憂慮、膽怯的人，甚至可能是受害者，而且圍繞在這個家庭周圍的團體，似乎不太開放。家庭的約束恐怕令人難以忍受。不過，這類型的五角星主人若能秉持意志力進行自我修

鍊，就能找到自由與自我的思考方式。

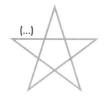

第二方位出現三個動態數字。這類型的五角星主人會對新奇而與眾不同的特性所吸引。他樂於發展出另類、特別的思考方式。他視正常為平庸，偏好有點奇怪的事物。精神狀態可能焦慮不安，或是以複雜的眼光看待那些最為單純的事物。母親對他的想法影響很大，而且他們之間的交流通常很困難。所以當他面對女性的時候，可能會任由自己讓各種不同的情緒淹沒。

3
我行動、我溝通、我分享

　　我是數字1與數字2結合產下的孩子。我的想法光彩奪目、富有創造力，而且我能傳達、述說這些想法，我知道如何說服他人。大家有時會認為我見風轉舵，但那只代表我的溝通方式比數字1更圓滑罷了。數字1是頭腦，數字2是沉著，而我呢，我有能力製造強烈的感情，以言語吸引他人。我尋求創造力、成功、場面的調度。我會向前邁進，自動自發。我毫不猶豫，我要享受人生，我要輝煌的成就，我要贏。語言是我的力量，我使用它來達到目的。我尋求蓬勃的生氣與創造力。我和父親數字1同樣有活力，也有母親數字2的敏感度。我謀求與人接觸，我喜歡讓人高興。有些宗教相信三位一體：聖父、聖子、聖靈；梵天、毗濕奴、濕婆；俄賽里斯（Osiris）、伊希斯（Isis）、何露斯（Horus）。我必須學會打開第三隻眼，將眼光轉向內在，以便看見生命的要素。

　　五角星中出現數字3，指出對溝通、表現、擁有聽眾以及行動的需求。它也指出對效力與改變的欲望。數字3有時會不經思考而行動，如果數字1與數字2沒有出現，這個現象會更明顯。數字3的同義詞是視野，看著自己要去的地方。如果它已看得很清楚，什麼也不能阻止它。正如數字2會迷失在理論中，數字3不一定會考慮到最後一步。大家可以猜到，雖然這兩個數字互補，但它們合在一起，可以在思想結構中製造矛盾。數字3應該學會聆聽，三思而後行。

芳香療法

　　五角星主人的生日有一個或多個數字3：格陵蘭喇叭茶與圓葉當歸精油安撫元素「火」——帶著數字3的五角星主人都有這個元素，再加上他們的肝臟有時狀況不佳，這兩種精油也能對肝功產生良好的作用。檸檬香桃木能幫他們更平

靜、超脫地表達自我。欖香脂發展聆聽的能力，豆蔻有助於轉換固有的想法、採取新的計策。阿米香樹與檀香助人深思。沒藥有助於欣賞寂靜。

　　沒有數字3指出語言溝通缺乏自發性，如同行動時踩下煞車。然而，數字3的缺席也給了選擇溝通與行動方式的自由，不需要一直採用相同的策略。

芳香療法

　　五角星主人的生日沒有數字3：芫荽與白千層精油讓人敢於表達自我、擁有更多語言的自發性。乳香發展溝通的能力。月桂提升表達自我的勇氣。數字3的方位決定我們說話、行動與溝通的方式。它也管理我們的反應以及別人的反應所造成的衝擊。

　　對照身體的部分：五角星的第三方位影響肝功能與視力。

❀第三方位的組合變化

第三方位只有一個3。這類型的五角星主人喜歡溝通、把自己的想法傳達給別人，而且他需要聽眾。尋求挑戰的他，會被新的視野吸引。語言很重要。他知道語言的力量，也毫不猶豫地加以運用。一般而言，他知道自己要的是什麼，而且他的行動方式是可以預料的。不過，他採用的既定模式並非每一次都符合當時的環境，有時會觸犯他人，挑起憤怒的反應。他應該學著偶爾要改變策略，不要總是使用相同的戰術。

第三方位出現兩個3。我們可以把這種星型比喻成隨時可能炸開的蒸氣鍋。五角星主人始終覺得他的頭腦隨時要爆，而且他得面對旁人強加給他的許多限制。儘管有許多想法不斷湧現，他卻很難遵守紀律，堅持到底。如果數字1或數字4都缺席的話，這種性格會更明顯。有時大家會認為他是說很多，但不一定會實現目標的人。

第三方位出現三個或多個3。這類型的五角星主人喜歡溝通、說話,不等別人問他就主動發言。一直都有誇大、反應迅速而激烈的傾向。有時大家會覺得他話很多或是性情古怪,有時又覺得他具有侵略性,他尋求新奇的事物,因為他很快就會覺得無聊,無論如何都要避免日常生活的例行公事。他應該注意不要分散精力,浪費上天賦予他的無數才華。他必須學習有條不紊地發展出行動的策略。

第三方位出現一個3與一個動態數字。這類型的五角星主人喜歡保有自己的信念與做事的方式,不過他也能根據不同的對話者,改變自己行動的策略。每個情況都是學習的機會,隨後他會試著改善自己在行動上的某些方式。他使用的語言形式因人而異。

第三方位出現兩個3與一個動態數字。五角星主人可能早就應該重新學習如何組合他的話語、清楚有效率地表達自我。大家可能會認為他的溝通方式有點僵硬或刻板,因為他會掩飾自己的憂慮與害怕,把它們藏在顯眼的字彙背後,諸如科學技術用語或是外文。他試著以這些字彙的亮光,讓人無法察覺他對自己缺乏信心。

第三方位出現三個3與一個動態數字。和上述出現三個3一樣,這類型的五角星主人喜歡說話、溝通,話有點多,性情有點古怪,不在乎別人的看法。大家可能會認為他很複雜,一心想要樹立自己的威望,而且不喜歡收回他先入為主的想法。此處的危機也是過度分散精力,無法發展自己的潛能。

3(..)

第三方位出現一個3與兩個動態數字。語言的表達常常是自發的、衝動的,但不一定適合當時的情況。他應該學習接受別人的意見與建議,以加強自己的溝通方式。如果這類型的五角星主人能發展聆聽的能力,學會讓談話者說完他們的句子,他就可以獲得更多的支持與成就。

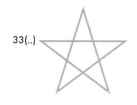
33(..)

第三方位出現兩個3與兩個動態數字。這類型的五角星主人對未來的展望不明確,難以找到自己的使命。語言的表達模糊、不順暢,很難找到正確、恰當的字眼。首先,他必須對自己的目標與計畫具有更清楚的看法,如果自己辦不到就要尋求諮詢。一旦有了豁然開朗的展望,語言能力也會跟進。

第三方位是空的。這類型的五角星主人能在做事、溝通與行動上,體驗各種新的方法。小的時候,他常常出現被人打斷話語的情形,使他不再立刻表達自己的想法。不過伴隨著成長,他也更有自信,能夠表達自我,找到屬於自己的溝通特性。雖然他常常要等到事後才知道自己應該怎麼回答,但他仍然可以逐漸為自己的想法與計畫辯護。

(.)

第三方位出現一個動態數字。五角星主人表達自我的方式很有彈性,不會依照既有的模式做出反應。他的反應方式讓人無法預料,依據當時的心理與情緒狀態而定。他非常需要變化與多樣性,避開例行公事。對他來說,接觸與溝通是最重要的事。

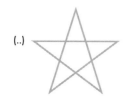
(..)

第三方位出現兩個動態數字。五角星主人很有自發性,又衝動,不會考慮很多。他偶爾會在「錯誤」的時刻,使用「錯誤」的字句,然後覺得自己遭到排斥。不過處事圓滑絕非他的強項。

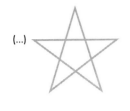
(...)

第三方位出現三個動態數字。表達自我與行動的方式讓人完全無法預料。這類型的五角星主人很容易感到無聊,他會躲避一成不變的狀況,尋求另類的事物。當他無法滿足的時候,會把錯推給別人、歸咎於環境等。他很難審視自己的問題、看看自己必須怎麼改變才能進化。其實只要他能學習聆聽與尊重他人,自然就會進化。

4

我掌握了時間與空間，奠定了安全

我統治時間與空間。元素與元素間得以協調，完全歸功於我的秩序感。有人說我嚴厲、吝嗇、緊繃又頑固。然而大家樂於依賴我，依賴我的忠心、我的責任感與我的堅守本分，還有我固守社會準則的能力和我的穩定性。我在統領一切之前，就已堅信必須學習如何工作，必須面對自己的職責。在建造屋舍之前，首先得有土地。我很清楚物質範疇的原則。我講求完美，非常注意細節。我知道如何守護成果。我比數字1、數字2和數字3，都更了解如何實現計畫，如何讓想法成形。我把自己藏在工作之中，這樣就能受到庇護。我害怕一旦離開自己的環境，就不再感受到愛。這是真的，我將自己的屋舍建在熟悉的土地上，我不會到陌生的地方探險。

五角星中出現數字4，代表紀律、意志、堅忍不拔。具有數字4的五角星主人很需要安全感與認同。4傳達責任感與安全感，它就像時間的守衛，知道如何捍衛與保存傳統與成果。不過，它很依戀自己已經確信的事物，這會妨礙美好的想像力與一切意料外的狀況。它可能會以恐懼和憂慮面對陌生人。持續的危機感讓它始終航行在相同的領域中，因為它不喜歡承擔風險。教育體系對這群人具有極大的影響，即使他們自己完全不承認這一點。他們需要比較長的時間，才能融入新的生活狀態。他們被自己私人的空間、環境與財物所束縛。

芳香療法

五角星主人的生日有一個或多個數字4：玫瑰天竺葵精油可以提升正面的狀態。連續四十天把義大利永久花精油擦在腳掌以及第三隻眼，這個方法可以讓人意識到，心靈的學習模式若遭到遮蔽，會製造出許多物質上的限制。橙、苦

橙葉、依蘭、佛手柑、桔，可以使自己放鬆，並正確觀察周遭事件。香蜂草、大馬士革玫瑰、穗甘松、馬鬱蘭，可以把意識放在心輪（Anahata）的位置，表現出同理心與愛的力量。依蘭、橙花、苦橙葉的精油能活躍第二脈輪生殖輪（Swadhistana），帶來幽默與創造力，擺脫控制欲。真正薰衣草喚醒開放的精神，對抗僵化的態度。山雞椒能在變動的時刻，讓人獲得更多的信任與信心，安撫太陽神經叢（plexus solaire，譯註：位於腹部的神經與血管叢）。

芳香療法

五角星主人的生日沒有數字4：松紅梅精油創造更多的穩定性與耐力。檸檬薄荷能讓人專注，振奮精神完成手邊的事。把甜茴香精油擦在腹腔可以保護不受「能量病毒」感染。數字4的方位決定我們慣常的生活程序、面對改變時的反應方式、處理責任與紀律的方式。關於生存、適應能力以及面對新事物的開放程度，這個方位也決定了我們如何察覺其中的限制。

對照身體的部分：五角星第四方位影響膽囊的功能。

❀第四方位的組合變化

第四方位只有一個4。五角星主人腳踏實地，務實而且有條不紊。他知道要規範自己，秉持自認為正確的原則。他樂於籌備、計畫，並認為理論若是無法達成目標就沒有什麼用。講究實際的他，喜歡觸摸、感覺和品嘗。完美主義的他，知道如何照顧好細節，喜歡在熟悉的土地上耕耘。安全最重要，因此他不太冒險，害怕身處陌生的領域。為了進化，藉由教育把自己從約束、信仰與造成障礙的限制中解放出來，就變得很重要。

第四方位出現兩個4。五角星主人是個完美主義者，講究精確，要求計畫完全按照他的構想進行。有時他會給周圍的人帶來壓力而毫不自覺。要求很高的他，期待旁人也會和他一樣具有講求秩序與完美的原則。安全的必須性對他而言十分重要，這一點足以掌控所有事物的存在意義。因此，就實質上而言，在陌生的領域冒險是件很困難的事。有時他會陷入不太舒適的狀況，因為他害怕缺少或失去既得的成果。為了個人的進化，他必須發展出更多的信心，學會放手。

第四方位出現三個4。五角星主人可謂生命能量的積聚者，需要不斷的體能鍛鍊以釋放出「累積的能量」，獲得具有建設性的活力。如果不這麼做，有可能會在有害的機制中失去平衡。他在講求實際與熱心助人這方面發展得很好。然而，如果周遭的人無法達到他的要求，就會認為他過度苛求，很少表現出寬容的一面。三個數字4通常代表顯著的野心，以及執意完成高難度的目標。

第四方位出現一個4與一個動態數字。同樣表示這類型的五角星主人腳踏實地，務實、有條不紊。他知道如何要求自己，秉持自認為正確的原則。他樂於籌備、計畫，並且認為理論若是無法達成目標就沒有什麼用。講究實際的他喜歡觸摸、感覺與品嘗實質的物體。完美主義的他，知道如何照顧細節，喜歡在熟悉的土地上耕耘。安全是最重要的，因此他不太冒險，害怕身處陌生的領域。他喜歡為周遭的人服務，讓他們意識到生命還存有其他的可能。他的責任感非常強，是個足以信賴的人。

第四方位出現兩個4和一個動態數字。這類型的五角星主人小時候可能會面對嚴峻的物質壓力，但他內心深處通常會認為，這些壓力能促使他進步，而且總有一天他會因為自己的知識與能力，克服物質上的障礙。因此，他會慢慢地知道如何將自己從時間、空間以及物質的限制中釋放出來，找到自己的平衡。如果他能用樂觀的態度正視生命，所有的事就能容易地步上軌道。

第四方位出現三個4與一個動態數字。這類型的五角星主人個性與上述三個4類型的五角星主人類似。不過，此處的五角星主人在面對約束力過強的時候，他能比較輕易地接受他人，而且，與其要求過高，他更知道應該如何放手。

第四方位出現一個4與兩個動態數字。在這個組合中，仍然會出現數字4特有的務實與有條不紊。然而，這類型的五角星主人通常會有物質上的限制，覺得自己必須一直工作，還不能真正享受努力的成果。他始終覺得自己對周圍的人負有責任，難以放任自己面對愉悅與幸福。

第四方位出現兩個4與兩個動態數字。這類型的五角星主人會為了物質財物付出極大的努力，然而就算他如何堅持，也少有成功的時刻。他必須學習逐步前進，一件事完成後再做另一件，集中心力解決問題。可是這一點在沒有外界的幫助下會很難做到，所以他必須克制自己的驕傲，向旁人尋求建議。

第四方位是空的。這類型的五角星主人年輕的時候很依戀家庭結構，以及從學校得來的既定思想。雖然這些「配備」讓他透不過氣、讓他覺得受到限制，但他必須發展出讓自己自由的勇氣。一旦他了解家庭約束與教條的深度時，他就能自由選擇要

和哪些人在一起。通常是因為物質條件的限制，強迫他解放自己。小時候他常常覺得自己與環境格格不入。他具有相當程度的行動自由，對新事物持開放的態度。

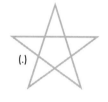

第四方位出現一個動態數字。這類型的五角星主人有改變既存結構、形式與規則的才能，具有很強的轉變能力。他認為自己的出生地不會影響他的自由，很少生出「思鄉」的情緒。不論在哪種環境、哪個地點，他都能表現出自己的能力。就算他覺得自己被限制住，也能輕易改變環境，知道如何才能迅速融入新環境。

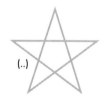

第四方位出現兩個動態數字。大家可能會覺得這類型的五角星主人脫離社會，和其他人不太一樣……。他完全無法讓自己的行為符合他人的要求，而且他的態度不怎麼討人喜歡。很難預料他和物質的關係，他不會一直採用具有建設性的方法。

第四方位出現三個動態數字。這類型的五角星主人具有特殊的才能，可以改變既存地域、法規與結構。他必須學會忍耐，等到自己成熟、有經驗、有時間以後，才能傳遞他的想法，讓大家知道他的存在。他從兒童時代開始，就深知人可以奉獻自己以創造新的事物，讓自己的出生環境獲得改善。

5
我代表人類的力量

　　我統領一切，我能根據自己的看法創造世界。我可不是偶然間給了造物者靈感，讓手腳各有五個指頭。數字4守護過去的計畫與價值。我呢，我有歷險的自由、改變與創新世界的力量，我可以旅行、體驗親密的關係、開創社交生活。面對數字3的膚淺與數字4的沉重，我真是心急難耐——前者總是想要表現生命輕鬆的一面，後者又不會調整自己的處境。我能對宇宙能量的改變快速做出反應，立刻調整我的策略，不等別人批准。我的感情指使我的行為。我想要進入陌生的環境，對世界進行探索。我熱情洋溢，不論什麼狀況都很容易走極端。我想在探索世界的時候找到真正的自我。不過，我也必須拓展並運用我的五個感官，在五元素之間造出平衡，定出我的垂直線。這樣我才能釋放能量。

　　五角星中出現數字5，指出接觸他人、維護人際關係的需求。帶有數字5的五角星主人，在上一次輪迴的時候，已經認識了至少一名今世家庭中的成員，所以他能自在地成長，有力量接近其他人。數字5也需要來自周圍的認可與讚賞。隨時可能生出的種種情緒，明顯地影響到他們的行為。

芳香療法

　　五角星主人的生日有一個或多個數字5：沒藥精油讓人注意力更集中，學會欣賞寂靜。在需求權勢與認可這方面，羅馬洋甘菊、山雞椒、檸檬羅勒、檸檬香桃木精油能使人保持適當的距離。真正薰衣草轉換激烈的情緒。胡椒薄荷保持頭腦冷靜。杜松直視最重要的部分，減輕旁人眼光的重要性。阿米香樹與檀香帶來更多謹慎。

　　沒有數字5，指出五角星主人天生就不專屬某個團體，而且不覺得自己對群

體有義務。他小時候可能會覺得自己在家族中像個陌生人。有時，與他人接近會讓他害怕，他需要時間打開心胸把自己顯露出來。不過，他在人際關係方面表現出完全的自由。

芳香療法

　　五角星主人的生日沒有數字5：依蘭、大馬士革玫瑰、佛手柑、桔，這些精油能創造比較輕鬆、歡樂的態度，打消格格不入的念頭。玫瑰天竺葵能引來思想積極的人。雲木香與岩蘭草能創造與土地的連結，在人際關係中獲得更多的信心。乳香能拓展與他人的溝通。數字5的方位決定我們處理人際關係的方式、面對社會文化議題的態度、在群體中對權勢的需求度。它也指出我們控制情緒、保持適當距離的能力。

　　對照身體的部分：五角星第五方位影響腎功能與聽覺。

❀第五方位的組合變化

第五方位只有一個5。這類型的五角星主人知道如何實現他的理想，面對挑戰、衝突與難題。他樂於投入所有熱情，能迅速做出決定，在必須進入下一階段時，不會覺得有什麼困難。一般而言，他會在家族成員面前顯示自己的權威。親友是很重要的。他喜歡探索未知的國度與異國文化，他尋求生命的多樣性，逃避單調與例行公事。面對他想要顯露權威、握有權勢的這項需求，保持適當的距離是最重要的。唯有如此，他才能實現夢想已久的愛情。

第五方位出現兩個5。這類型的五角星主人時常覺得家庭中的成員過於另類，不符合群體的標準。從小他就覺得自己必須承受、由別人的行為所造成的後果。由於他一直在反抗那些他認為很難搞、總是妨礙他完成任務的人，他必須學會拿出自己的力量、維護自己的權益。這個進化的過程常常會進行得很痛

苦，但後來就會變成解脫。一般而言，他喜愛自己周圍的人，前提是他們要尊重他對自由的高度需求。他的矛盾在於，一方面他渴望與心愛的人分享生命，知道要顯示出自己的力量，還能實現計畫、表現出毅力，另一方面，他對自由與個人主義的高度需求，會妨礙他在人際關係中找到平衡。當他感到不被了解時，他會表現得急躁、不耐煩，甚至發怒。他必須要了解自由並非取決於外在的環境，而是來自內在的心理狀態。其他人可能會利用罪惡感操控這類型的五角星主人，而且他自己也會利用這個方法來達到目的。修鍊自我，發展勇氣與膽量，能幫助他擁有更和諧的人際關係。

555

第五方位出現三個或多個5。他對自己的社交圈非常挑剔，這類型的五角星主人認為成功必須仰賴周圍的人事物。他常常把失敗歸咎於身旁的人。他對自由的需求非常高，而且這個需求和結交顯要人物的期待結合在一起，如此一來就免不了要失望，而且還會製造許多痛苦與紊亂的情緒。他對受到認可與獲得成功的渴望非常強，如果沒有獲得他要求的權勢，他會產生焦躁與生氣的反應。只有當他對自由的高度需求獲得滿足時，他才會覺得幸福。同樣地，如果他不能在過度的個人主義，以及與心上人共度一生之間，取得平衡，他就很難找到和諧的人際關係——也許連心上人都很難找到。

5(.)

第五方位出現一個5與一個動態數字。這類型的五角星主人充滿熱情，他能實現自己的理想、迎向挑戰與衝突，以及種種難關。他下決心的速度很快，通常對家庭具有重要的影響力，能驅使周圍的人向前邁進。雖然他必須成為親友的後盾，但其實有其他的事物更吸引他。他渴望顯示自己的力量，面對這個需求，他必須保持適度的距離。

55(.)

第五方位出現兩個5與一個動態數字。這類型的五角星主人的家庭成員中，有不少人不符合群體的標準，於是五角星主人時常和他另類的家人起衝突。他從小就覺得必須承受由他們的行為所造成的後果。由於他一直在對抗那些他認為很難搞、總要妨礙他完成任務的人，所以他必須學會表現自己的力量、維護自己的權益。這個進化的過程常常會進行得很痛苦，但後來就會變成解脫。如果周圍的人能尊重他對自由的高度需求，他會覺得更幸福。他的矛盾在於，一方面他渴望與心愛的人分享生命，知道如何顯示自己的力量，還能實現計畫、表現出毅力，另一方面，他對自由與個人主義的高度需求，可以輕易地將他吞沒。當他感到不被了解時，他會表現得急躁、不耐煩，甚至發怒。他可能會認為自己必須不斷奮鬥，才能受到他人與自我的肯定。他必須評估自由的比重，不要讓它受到外在環境的控制。有時候他周圍的人會利用罪惡感或以情感做要脅，來操控這類型的五角星主人，不過他自己也會利用這個方法來達到目的。

555(.)

第五方位出現三個5與一個動態數字。他對自己的社交圈非常挑剔，有時候會覺得大家沒有給予他足夠的讚美，或是他應有的尊重。他很需要自由，而且還把這個需求和期待結交顯要人物結合在一起。如此一來，免不了要失望，因為這會製造許多痛苦與紊亂的情緒。他對受到認可與獲得成功，擁有很強的欲望，如果不能從這兒獲得滿足，他會生出焦躁、生氣的反應。他必須了解人人平等，痛下決心從高高的台座上走下來，重新建立以平等交流為基礎的良好關係。唯有這樣，他才能在社交生活中充分發展自我。

5(..)

第五方位出現一個5與兩個動態數字。這類型的五角星主人也是那種能夠實現理想的人。他能迎向挑戰,面對衝突與難題,毫不隱藏自己強烈的感情。他能迅速做出決定,往前進入下一階段。他在家庭中能毫無困難地顯示自己的力量,信心十足。然而,他常常覺得別人不理解他,而且他也很難了解別人、察覺他們的立場與論點。通過自我修鍊,他能擁有更和諧、更輕鬆的人際關係。

55(..)

第五方位出現兩個5與兩個動態數字。這類型的五角星主人的家庭成員中,有不少人不符合群體的標準,於是五角星主人時常會和他另類的家人起衝突。他從小就必須學著承受由他們的行為所造成的後果。由於他的競爭對手是那些他認為很難搞、總是在妨礙他完成任務的人,他必須學會表現自己的力量、維護自己的權益。他人的支持、友誼與愛能幫助他認清自己的優點、建立自信,使他的社交生活進行得更輕鬆。這樣一來,他的態度能使他更容易地找到自己在這世上的位置。他對自由的需求度很高,他和那些能夠尊重這一點的人在一起,會感到比較自在。五角星主人想要進化,就必須學習找出所處環境的優點,不要擔心會遭到排斥。只要他能發展出勇氣與膽量,就能找到自己的位置。

第五方位是空的。這類型的五角星主人小時候常常覺得自己與環境格格不入。有時,他會害怕與他人接近,他需要時間打開心胸把自己顯露出來。他和其他人對事物的看法不同,所以要和他人共處不是件簡單的事。然而,他應該要學著邁出第一步,主動迎向他人,也要學著表現出積極與勇氣,打開心胸接收新的事物,離開那個使他誤以為安全的保護殼。不然,他可能一生都會覺得自己像個局外人。

(.)

第五方位出現一個動態數字。這類型的五角星主人能在人際關係中表現自己的直覺，知道採取哪一種必要的態度來討人喜歡。不過，由於他一直努力融入環境，可能會忘了自己的任務與追求。因此，為了滿足被愛與取悅他人的需求，完成夢想這一點，可能會遭到犧牲。他能在好幾個領域中獲得體驗，但有時堅持不了多久。他必須學習為團體付出心力，爭取認可與成就。他必須發現自己有別於他人的特殊能力與才華，強調個人的特色。

(..)

第五方位出現兩個動態數字。這類型的五角星主人希望獲得他人的喜愛、接受與尊敬，在團體中有歸屬感，但他常常不知道該怎麼做才能達到這個目的。有時他會搞不清楚人際關係的運作，採取了有點笨拙的姿態。可是他千萬不能因此而自暴自棄，但也不要沾沾自喜地待在不適合他的環境中。如果他能認清自己的重要性，了解自己面對他人的時候，有什麼需求與期待，如果他知道如何與自我相處，他就能在進化的過程中完成重要的階段，有助於他獲得更多的和諧。

(...)

第五方位出現三個動態數字。不同凡響與光怪陸離的社交生活，對這類型的五角星主人具有極大的吸引力。合乎標準以及所有平凡的事物，在他看來都很無聊。最令他著迷的，莫過於社會革命與醜聞。雖然這個面向通常被隱藏起來或完全遭到忽略，可是一旦他從事某個特定職業，或進入某個社交圈時，可能就會浮出水面。處在有發展、有創造力的環境會讓他感到幸福，那些具有神祕性、不合大眾規範的地方，可能也有同樣的效果。

6

我創造，我把潛能傳給後代，我需要征服

我的力量創造了人類的欲望，他的性欲。我是五角星的根源、極性的改變。我象徵繁殖、生育、再生的力量、發展，以及更新。我和大自然的法則一直保持接觸，我能不斷感受大地的能量。第一個講究環保的就是我。我需要成長與進化的空間，不喜歡束縛。我尋求富足，要把它貢獻給地球的進化。我能感受到大自然療癒的力量，我樂於運用這個力量。我愛全宇宙，我厭惡把注意力放在專一的領域上。有些人認為我不知道如何利用我的能量，或認為我浪費這些能量、分散了我的精力。他們都錯了。事實上，我什麼都想體驗，我比他們擁有更多新生的力量。我喜歡征服與引誘這個世界。挑戰給了我翅膀，既定而簡單的事物讓我覺得無聊。我會保養自己的身體，我覺得，當我越愛我自己的時候，別人也會更加愛我。有時我會享受他們的光芒，開出更美的花。

五角星中出現數字6，指出軀體的力量、求生的本能，以及落實想法的需求。五角星主人往往帶有某種身體的「邏輯」，意思是他們能從最重要的源頭，盡可能的汲取能量，而且常常表現出極大的再生能力。他們知道如何表現自我，視對手與競賽為有趣的挑戰。此外，他們也能在家庭中、社交圈、職場中，護衛自己的權益。「我的工作能賺多少錢？」這個問題一定會以某種方式提出來。他們從很年輕的時候開始，就已經很有抱負，確保自己獲得優渥的收入、要富足。不過，可能會出現對物質的執著，這一點依據它和其他數字的組合，或是數字6出現的次數而定。此外，也有可能對獲取財物上癮。

芳香療法 ★★

五角星主人的生日有一個或多個數字6：山雞椒精油發展出更多的信念與信

心。檀香有助於抽離、謹慎，意識到物質離不開精神。不管哪一種薰衣草都能使人更開放，引導意識進入頂輪。連續四十天在睡前把一滴岩玫瑰精油擦在人中的位置，另一滴擦在第三隻眼的位置，用以轉化隱藏起來的機制，以及對匱乏所產生的焦慮。橙花創造更多的喜悅與輕鬆。葡萄柚擺脫對安全感的過度需求。岩蘭草能讓人在物質層面上更有信心。胡蘿蔔籽精油對抗圍繞金錢打轉的毀滅性念頭，以及物質上的安全感。

沒有數字6，指出軀體需求的本能較弱。金錢與物質世界只有在五角星主人察覺到有所匱乏時，才會變得重要。他會逃離衝突，競爭讓他害怕。只要環境——例如父母——能確保生存的條件，五角星主人不一定會立志獲得物質上的獨立。不過，當物質上的享受打折扣時，他常常能表現出創造力。他比較會問的問題是：「我的工作要達到什麼目的？」此外，由於金錢不會對他產生任何壓力，花起錢來比較自由，所以比較不會製造出有礙富足的限制。

芳香療法

五角星主人的生日沒有數字6：廣藿香精油有助於安定，能更加意識到自己對軀體的需要。雲杉提供更好的新生能力。數字6的方位決定我們新生的能力，在家庭、職場或任何團體中，樹立威望的方式。它也決定了我們放手的能力、處理財物的方式、軀體的本能與性欲。

對照身體的部分：五角星第六方位影響生殖器官、膀胱與大腸。

❀ 第六方位的組合變化

第六方位只有一個6。 這類型的五角星主人喜愛和諧，欣賞平衡、美好的環境。他有意願並隨時可以付出全副心力以達成這個目的。他不害怕工作，能在許多領域中表現得很靈巧。他很難坐視其他人工作而自己不介入或是不提出建議，尤其是當他認為對方缺乏實作經驗的時候。有時候他很難託付權力，因為他怕浪費時間在解說上面。他帶頭走在前面，做很多事。他從

La pentanalogie miroir du destin

小就和家庭保持某種距離，因為他一直都想獲得獨立。擁有自己的家庭，是他生命中重要的目標。然而，身為父母，他可能會想為孩子除去所有的障礙，因此把他們變得很依賴。他天生具有必要的力量與生命能量，能夠依據自己的渴望制定自己的生活，期望在世上留下成績。他很少流露出自己的感情。

第六方位出現兩個6。和家庭與伴侶連結在一起，對他來說，是非常重要的價值與期待。五角星主人可以為人際關係投入全副心力，而且也期待別人能這麼做。他對自己有信心，並且把自己可能做出的妥協，當成是為了維持平靜。如果他嘗試把自己放到別人的生活中，他們可能會從中看出他在軀體與物質上的弱點，然後他只得重新再把注意力放在自己的命運上。有時，有意識或潛意識地，他會試著製造出財務上的依賴性，讓別人依賴他。在這種情況下，他自己可能也會遇上類似的情形。他尋求富足與物質上的獨立，因此常常必須比別人工作得更多。如果他能懷著感激與認同，面對自己已經獲得的一切，他的努力就可以成功。若是相反的情況，就隨時可能再度失去一切，重新開始。

第六方位出現三個或多個6。五角星主人尋求非凡與非典型的事物。從小他就開始反抗既定的規則。要求很高的他，很少為自己的表現感到滿意。他喜歡致力於獨特的事物，將特殊的表現帶給群體。他認為規則和他無關，覺得自己是宇宙間特殊的人物。他常常找出自己和所屬團體以及家庭成員之間，各種不同的地方──甚至是外表上的，因為他不要和任何人相似。由於他一直想要表現得很出色、很特殊，所以可能會花去不少精力，妨礙了生活的輕鬆與喜悅。不用說，他在選擇生活中的伴侶時，也是基於相同的條件：必須出色而特殊。結果他會更注意伴侶關係中特殊的部分，而忽略了最基本的部分。他應該了

解，有時候簡單而輕鬆的事物，也可以帶來許多樂趣與喜悅，複雜的系統不一定就是最好的。

第六方位出現一個6與一個動態數字。這類型的五角星主人經常從小就開始為家庭或夥伴的生存，貢獻一己之力。造成他在選擇的時候，會以實際或具有實效作為主要的考量，而不考慮理想，或是尋求真正的使命。他應該學著更看重知識，欣賞非物質性的禮物與各式各樣的學習課程。如果他能克服因物質條件而不斷產生的遲疑心理，進而嘗試冒險；如果他的學習是出於欲望而非實際的理由；如果他能為了進化與精神上的成長，改變生活的環境；如果他能採取放手的態度，他就能享受當下，不會讓自己繼續承受壓力，他也就能擺脫物質的束縛。

第六方位出現兩個6與一個動態數字。和家庭與伴侶連結在一起，對他來說，是非常重要的價值與期待。這類型的五角星主人可以為人際關係投入全副心力，而且也期待別人能這麼做。他必須對自己有信心，並且看清楚那些他以和平為名義所做的妥協。他必須了解真正的幫助，是教授補魚的技巧，而不是把魚獻出去。他往往能在社會公益型的職場發展出特殊的才能，這些地方能讓他施展理解力、耐力與同情心。在這樣的領域，即使是小小的成就，也能使他在工作時感到欣慰，因為他相信所有的事都要求耐心與時間。

第六方位出現三個6與一個動態數字。五角星主人的性格與上述具有三個6的星型類似。然而，他比較容易意識到自己對於「不同凡響」的生活近乎著迷，所以只要通過自我修鍊，他也能比較輕易地學會欣賞生命中微小的樂趣，把注意力集中在重要的事情上。

第六方位出現一個6與兩個動態數字。這類型的五角星主人應該要對自己有信心，不要再用物質的表象掩飾自己的懷疑與恐懼。如果他能學會由內而外充實自我，不再與他人比較，認識自己真正的能力，他的行動必定會帶來成功。嫉妒是不會帶來富足的！他必須訂定清楚的目標，以真正的才華與優點發展執行策略。如此一來，什麼也不能妨礙喜悅與成功的來臨。

第六方位出現兩個6與兩個動態數字。這類型的五角星主人時時都在害怕犯錯。他怕做決定，往往採取被動的姿態，直到情況變得難以忍受為止。他也有可能讓自己受剝削，害怕採取行動。藉由對自己行為機制的了解以及自我修鍊，他會更有能力表現自我，維護自己的權益。他應該學會正確看待各種決定的重要性，不要執著於它們的範圍。

第六方位是空的。五角星主人不會被物質條件干擾，直到他必須面對財務壓力為止。在這個領域中，他常常會採取有點被動的姿態，等待警號出現才行動。由於這個星型在上一次輪迴的時候，經歷了不少物質享受，所以潛意識裡確信事情會像以前那樣繼續發展。因此，關於謀生，他可能一開始會有點笨拙，因為基本上，他認為一切都會輕鬆的發展，不會有什麼衝突。職業的選擇性幾乎毫無限制，他應該要接受這項自由。要找到自己的使命與道路，他必須表現出積極的精神、責任感與獨立。不然的話，他會屈服在害怕、束縛與壓力之下。他應該明白，創造力與想像力沒有限制，他有能力自主行動，而且可以享有物質上的成就。他可能會覺得自己與家人格格不入，然而他卻可能會做出和父母一樣的行為。

第六方位出現一個動態數字。充滿熱情的五角星主人,喜歡立即與輕易的結果。他需要時間了解,「學習」只有在能夠運用的情況下,才是有用的。他很容易對日復一日的工作感到疲倦,尤其當工作的動機不是來自內在需求的時候。在這個情況下,他會為了財務的原因被迫工作,可能會心懷怨氣與沮喪。他應該學習採取樂觀的態度,集中注意力在如何解決問題上,並且了解只有在他確定下來,而不是「必須這麼做」的時候,做出決定。如果他能鍛鍊體力,不讓自己處於來自時間或他人的壓力之下,他就能在頭腦與情緒之間,找到更好的平衡。

第六方位出現兩個動態數字。這個星型表示有自信、行事帶著喜悅與快樂、可以擺脫一直有壓力的感覺。這類型的五角星主人必須意識到上述的機制,學習將行動奠基於自己的意願之上,而不是受制於眼前的逼迫。他很難做出自發性的決定,常常會忽略自己真正的能力與才華。基於相同的原因,他也很少能認清自己的使命。學習發展自我是件重要的事,有助於發現更多天性,這樣才能獲得成功與認可。

第六方位出現三個動態數字。這類型的五角星主人一直覺得自己很特殊,不同凡響,他很難理解為什麼周圍的人並不這麼想。他不喜歡大家把他和別人做比較,把他歸入某個典型的框架中。他可能會完全沉浸在實現自己的想法中。他常常高估自己的體力,而有可能筋疲力竭。如果他能培養更多虛心與謙卑的態度,他就更能發展自我,過得更快樂。

7
我學了，所以我知道我需要獨立

　　我瀏覽了世界的每個面向，所以我能選出什麼才適合我。我能把重要的事與一般的事做區別。我能認出什麼是最基本的，什麼是不必要的。我考慮生命中實際的面相。數字2的理論讓我覺得無聊。我象徵全面的健康，七個脈輪。我知道為了完成一個世界，所有的面向都很重要。我不需要像某些數字那樣握有控制權，但我希望大家能尊重我的自主性，讓我面對自己決定好的命運。為了保護我自己，我時常會隱藏身分，玩起角色扮演的遊戲。我是神話的守衛，我創造故事，我知道宇宙的奧祕。在這些基礎之上，人類創造了各種科學，但他們忘了夢想是一切研究的根源。我喜歡想像雲層後面的藍天，想像我的世界。我天生孤獨，就為了探索絕對的真相。

七個脈輪

七大天使

一週七天

七大奇景

七件聖事

七宗罪

七年可使細胞全部更新

還有……白雪公主的七個小矮人！

　　我是「傳授奧義之門」，五角星「再度升起」的地方。

　　五角星中出現數字7，指出五角星主人能意識到他的個性，與他獨特的一面。同時也顯示出他對實際面向的尋求大過理論，了解傳統的價值。他需要保護

內心私密的一面。他非常看重自由，受不了別人的控制。

芳香療法

五角星主人的生日有一個或多個數字7：玫瑰精油幫他向他人打開心胸，調整他對自主性的需求。古巴香脂減輕對自由的過度需求，有助於向他人打開自我。桔能發展遊樂的感官，讓他和藏在心裡的兒童和解。歐洲冷杉或喜馬拉雅冷杉有助於了解，自由不能仰賴外在的環境念。藍膠尤加利可以釋放心輪的能量，並將它與第五、第六脈輪連在一起。

沒有數字7，表示五角星主人可能年輕的時候，很難找出自主性，只是採用大眾的想法或父母定下來的規矩。他需要比較多的時間，等到更成熟的時候，才會認清自己的需求與機制。

芳香療法

五角星主人的生日沒有數字7：芫荽精油能「識破」自己的真相。月桂使人敢於表現創造力與獨特性。歐白芷根為行事過程提供更多的信心。欖香脂為人生之路創造必須的空間。

數字7的方位為人類創造自我的面向，他的衣著、外表、自己專有的行動與落實事物的方式。它能真正意識到自我的獨特性。這個方位告訴我們人類如何選擇、觀察與做決定。在這個方位，選擇權的行使會依據個人對進化與貢獻的需求，按照他自己的方式進行。生命的這個面向提醒我們，每個人生來都擁有獨一無二的五角星。

對照身體的部分：五角星第七方位影響鼻子、支氣管、肺。

La pentanalogie miroir du destin

✤ 第七方位的組合變化

7

第七方位只有一個7。這類型的五角星主人在上一世，就已經採用非典型的行事風格。也有可能當時的他，具有身體上的缺陷，以致他的生活與一般人不同，或是他的社會地位迫使他離群索居。因此，這一世，他期待受到特別的對待，他希望獲得獨特的照護。他並不介意自己是另類或者和別人不一樣。他厭惡受到控制，極度依戀自由與自主性。這個特點可能會造成他的孤獨，很難融入群體之中。

77

第七方位出現兩個7。這類型的五角星主人傾向尋求與眾不同，厭惡被視為泛泛之輩；他不願囚禁在群體之中。他渴望大家對他投以特別的觀注，除非在不得已的情況下，才會表現得像個「一般人」。由於他總想凸顯自己，結果把生命搞得很複雜。他應該學習欣賞所謂的普通，重視單純的價值，以便深入了解事物，讓自己進化。有時候，他被看成是笨拙的「小丑」，沒有受到認真的對待。

777

第七方位出現三個或多個7。如同前兩個星型的描述，他要成為特殊、非凡、創新的人，但這個需求度在這兒會變得更強。在融入這方面，出現嚴重的問題。這類型的五角星主人很難表達自己的看法與意見，總認為別人不了解他。因此，他有可能會覺得一生都無法足自己的期待。唯有犧牲對自我特性的高度需求、培養更多的團隊精神與歸屬感，他才能獲得充分的發展。

7(.)

第七方位出現一個7與一個動態數字。這個組合督促五角星主人，擺脫自己一向致力保持的生活方式與規則。這樣他就能擁有新的體驗，幫助他進化與發展自我。通常這類型的五角星主人具有特殊的天賦，但要想展露才華，就必須調整自己、修鍊

自我。這麼做能開拓他的直覺，引他通往前世傳下來的學問。進行任何一種冥想，都是為了釋放這種潛能。

77(.)

第七方位出現兩個7與一個動態數字。這類型的五角星主人通常能表現出為細節加分的才華，他使它們更吸引人、更美麗。有時他甚至能將沒有用的東西轉變成藝術品。他的天賦讓他在似乎不太重要的時刻，看出「隱藏起來的」機會。然而，宇宙要求他先進行自我修鍊，然後這項特別的天賦才能顯現出來。首先他必須顯示出虛心與謙卑，由此得以成長、得以進化，這樣才能享有大自然獻給他的佳禮。如果他能擁有耐心與毅力，所有的門都會為他而開。

777(.)

第七方位出現三個7與一個動態數字。他在上一次的輪迴中，已經獲得了許多知識與學問。然而這類型的五角星主人必須學會融入這一世的生命。他必須重新組織、重新措辭，獲得更多的知識，以造出新的框架。換句話說，他必須為前世傳下來的結構，穿上現代的衣服。為了成功，他必須研究目前的機制與需求。在這個前提之下，他得犧牲自己對個人主義無所不在的欲望，努力認識他人，以更了解他人。

7(..)

第七方位出現一個7與兩個動態數字。這類型的五角星主人有展現自我特性，以及在某個非常有趣的領域進行專門研究的可能，但前提是這個領域必須為群體服務。如果動機來自於對權勢、自我，或物質成就的需求，就有可能會出現艱難的考驗：疾病、物質上的煩惱、感情狀況出問題……。這類型的五角星主人可以把這一世的生命，視為人間的過渡時期，他應該表現出聆聽、群體意識、為他人服務的精神。他在運用自己的力量與知識時，唯一的目標必須是貢獻一己之力、尋求進化、在各種層面為地球的健康服務。如果他能拿出勇氣、準備好迎戰黑

暗、懷著無私的精神審慎行事，那麼對權勢與自我成就的需求就會消失，代之而起的是喜悅與充實。

77(..)

第七方位出現兩個7與兩個動態數字。五角星主人很難找出個人特性，在群體中受到注意，也很難走出陰影。要把他看成是個體，而不是群體的配件不太容易。天生缺乏自信。有時會有點笨拙、有點不得體，很難獨立管理自己的人生。傾向於將自己的命運交給婚姻的伴侶掌握。只有當他在各個層面都更有信心時，才能成長進化。

第七方位是空的。這類型的五角星主人在人生第一階段所進行的活動，往往來自童年學得的技能。一般而言，他頌揚生命的態度和父母採取的態度一樣。即使價值觀不同，但也是類似的習性。如果父母屬於憂傷型，他也會傾向於憂傷，如果他們快樂，他也會生活在喜悅中。他必須學會辨識事物沒有顯現出來的那一面，以便找到自己的專長。為此，加深人生哲學方面的知識，探索生命的含意，同時也要保持開放的心靈。如果他能懷有信念，就能以直觀的方式察覺真相。這樣，他就能找到動機與勇氣，從事自己選擇的事業，確實發展自我。

(.)

第七方位出現一個動態數字。五角星主人擁有和很多人類似的才能，他必須學習專攻某個特殊的領域。要引起注意力，他得藉由特殊的做事方法，把自己和別人做出區隔。他的任務是向群體顯示，如何把很普通的事變得很特殊。成功完全仰賴他注意細節的方式。為了進化，他必須了解沒有什麼是對或錯的，只需要看清楚每一面的特性即可。他必須展現出創造力，找到自己專屬的運作方式，不要模仿別人。只要他能找到自己的風格，就能獲得充分的發展。

(..)

第七方位出現兩個動態數字。這類型的五角星主人在人生的第一階段，必須服從團體的限制與要求，無法隨著個人的需求體驗人生。他對自己的才華與能力缺乏信心。他年輕的時候，常常堅信自己必須表現出勇氣，才能受到認可。冒著不必要的風險。裝瘋賣傻讓周圍的人開心。他一直覺得必須與眾不同才會討人喜歡。然而，他所處的團體沒有給他什麼支持，而且當他遇到困難的時候，常常置之不理。受到處罰的往往是他，即使不是只有他犯了錯。等他漸漸成熟之後，他學會了預先設想自己的行動會有什麼後果，而不是盲目地投入。如果他能認清自己內心的需求與動機，他就能脫離別人的控制，獲得獨立。

(...)

第七方位出現三個動態數字。這類型的五角星主人既不關心別人的建議，也不喜歡接受控制與命令。他所做的每一件事都必須帶有個人的風格。別人很少能了解他行事與行動的方式。大部分的時候，群體會認為他把生命搞得很複雜，很難為他設想。要想進化，他就必須學習聆聽、思考別人的經驗與建議。

8

我愛，而且我喜歡被愛，我需要熱情

　　我是宇宙法則的守護者，我把絕對優先權給了愛。愛把我們和宇宙最崇高的領域連結在一起。因為有愛，人類才能迅速地進化。對我來說，愛的力量是最重要的。不過，我也發現到，只有在喜歡上屬於自己的某些特質後，我才能欣賞別人的這些特質。所以說，生命是漫長的學習。我象徵結合與婚姻。我生於陰與陽的互動，介於光明與黑暗之間。我尋求豐裕、極盡、激情。豪華的天地非常適合我。我不喜歡權宜之計，也不喜歡折衷。我要全部，否則什麼都不要。我喜歡勇敢的人，他們嘗試不可能的事。我睡著的時候看起來溫和而滿足，但是傷害我的人小心了，我可以毫不留情地將他撕成碎片。我讓數字1與數字3宣揚他們的力量。不過，我的力量可是絕對而不容置疑的。我是執法的蒙面俠，我不能容忍有人侵入我的領土。我應該學習集中注意力，找到天地之間的軸心。

　　五角星中出現數字8，顯示出愛是最重要的價值之一。它也指出，五角星主人為了這個目標，以及觸及人際關係的一切，從小就定下了重要的規則、期待與計畫。不用說，這樣的願景可能會引生出失望與沮喪。此外，數字8渴望零缺點的美。因此擁有數字8的五角星主人，很少對他們的外表滿意，總是把注意力放在自己的小缺點上。他們應該學著對自己更有信心，從他們認為不完美之處，看出美好的部分。

芳香療法

　　五角星主人的生日有一個或多個數字8：馬鬱蘭精油讓人把生命力放在當下，不要執著在對愛情的期待上。阿米香樹與檀香使人更沉著。墨西哥沉香與花梨木能發展出更多無條件的博愛。玫瑰能打開心胸，發展同理心。德國洋甘菊能

減輕批評與自我批評的現象。廣藿香能帶來更多自信。白千層能轉變所有刻印在第二脈輪中，那些使人無法享受愛情滋潤的經驗。古巴香脂更了解自己身體的需求。甜羅勒能「消化」、轉換愛情中的失望。

沒有數字8，代表五角星主人天生對愛與美沒有特別的期待。他有活出新體驗的可能性，沒有偏好。這類型的五角星主人一生不一定只愛一個人有可能發展出實驗性質的愛情，。然而，仔細考慮自己要的是什麼也很重要，這樣不至於停留在模糊不清的狀態，或是永遠處於實驗階段。

芳香療法

五角星主人的生日沒有數字8：蘇剛達精油使人更了解生命中的種種巧合，感受這些巧合屬於哪一種心靈層面，會有助於察覺什麼才是符合內心真相的愛情。肉桂使人在感情層面上更投入。數字8的方位決定我們談戀愛的態度、處理藝術與美的感官、居住環境中對和諧與平靜的需求……。對於伴侶生活、友誼與職場上的人際關係，它指出我們的期待。這個方位也指出了我們在人際關係中採取的態度。

對照身體的部分：五角星第八方位影響胃功能。

🌸 第八方位的組合變

第八方位只有一個8。對五角星主人而言，生活在愛情中屬於最重要的價值之一。他以全副心力守護各種關係，因為他要向自己與別人證明，所有的關係都運作得非常好。擁有成功的愛情，是他非常確定的理想之一，於是他不斷為愛情尋求證明與肯定。對愛情產生依賴的這個風險，一直窺伺著他。他應該了解「愛」不能依賴他人來做決定。他必須在融合與自主性、關係與獨立之間找到平衡。他的慷慨與好客，使他忽略了自己。具有創造力的他，能美化自己的環境。如果他能擺脫對愛與美的期待，以及兩者務必完美的執念，他就可以充分發展自我。

第八方位出現兩個8。這類型的五角星主人夢想擁有偉大的愛情與激情，深刻而親密無間的關係。不過他自己也很難相信這一點，所以他會犧牲自己的需求，做出很多妥協，不斷期待事情會有變化。他對愛情的期待很少能得到滿足。如果他能表現得更慷慨、更有同理心、更能體諒別人，那麼愛情的狀況可以出現轉變，帶來美好的滋潤。在選擇伴侶的時候，如果他能偏好有勇氣、有才幹，能夠自立的人，他會更幸福；他要是選擇依賴心強的人，他的需求恐怕無法得到滿足。他應該自問什麼是他生命中真正的動機、什麼是他渴望實現的目標。通常他能發展出組織的才能，很有方法也很有效率。他的熱情與投入使他知道如何說服與鼓舞他人。他對美好的事物具有不錯的品味。他能美化生活環境，慷慨地招待客人，將細膩的感覺傳達給其他人。

第八方位出現三個或多個8。這類型的五角星主人藉由尋求零缺點的愛與美，希望獲得豐碩的成果，很少對自己的人際關係感到滿意。對於愛情，他渴望絕對、唯一、無與倫比。他的期待往往不實際，因為伴侶生活需要兩個人。他應該了解每個人都有自己的想法、意願與期待，世界上不存在兩個一模一樣的人。他傾向於認為，每個人都贊同他的規則，對於愛情具有和他一樣的理想。如果他在看待他人的時候，能夠停止把注意力放在他所謂不完美的部分，學著欣賞個人的優點，如果他能擺脫自己的過度挑剔，就能避免許多挫折與寂寞。他通常具有裝潢與美化事物的天分。他喜愛高雅、美麗與和諧的環境。

8(.)

第八方位出現一個8與一個動態數字。對於這類型的五角星主人而言,活在愛情中屬於最重要的目標之一。然而,他對愛情的期待與要求實在太高了,就算他很少把它們清楚表達出來。他有可能會離開某個伴侶,但事先並不告知,也沒有表現出任何徵兆。在剛開始一段關係的時候,他可能會有「似曾相識」的感覺,好像是在重溫前世出現過的關係……;命運的記號促使他與某人和解。要學習清晰與精確的溝通方式,不要對自己和別人太嚴苛。如果五角星主人能保持開放的心胸、願意接受規定外的狀況、把危機視為進化與豐富人生的機會、在困難的時刻能展現創造力與想像力以及喜悅與幽默,他就能體驗到和諧與美好的人際關係。

88(.)

第八方位出現兩個8與一個動態數字。在這一世中,愛情常常意味著挑戰。這類型的五角星主人很浪漫,不論對他人或自己都懷著非常多的期待。不過,他在獲得之前必須付出很多。只有當五角星主人接受這一點時,愛情的綻放與喜悅才會實現。問題是:「真正的動機是什麼?想要達到的目的是什麼?」如果能有清楚而準確的答案,那麼這類型五角星主人與生俱來的組織能力、講究方法與效率的態度,就能完全表現出來,讓他感到很滿足。這樣他也能以熱情與積極的態度輕鬆地說服他人。

888(.)

第八方位出現三個8與一個動態數字。五角星主人必須調整他對愛情與人際關係的過度期待,因為這個面向往往會帶來不滿足與失望。學習真正去愛,而不是出現在愛情中。要了解真正的愛,不需要分析也不需要解釋。如果這類型的五角星主人能夠不被外表沖昏頭、如果他能欣賞靈魂的美,就算外在的面向並不完全符合預先設下的想法,他的人際關係就會更有深度,更豐富。

8(..)

第八方位出現一個8與兩個動態數字。這類型的五角星主人的夢想是擁有溫暖的人際關係，充滿愛與熱情，它們奠基於信心與分享之上。然而他在遇到衝突的時候，卻傾向於把自己關在象牙塔裡或是轉身逃走。有時他會採取不信任與懷疑的態度，這使旁人無法接近他。為了要實現他的愛，他必須縮短這個距離，不要把自己孤立起來。

88(..)

第八方位出現兩個8與兩個動態數字。在愛情關係上，宇宙似乎要求這類型的五角星主人必須特別有耐心。他似乎一直在等，而且也許會失去信心。他應該學著堅持維繫他的關係，在任何情況下都要支持他的伴侶。唯有如此，他才能獲得滿足與成就感。在他的潛意識中，他知道自己必須堅持下去，但有可能他周圍的人不了解，為何要在如此困難的情況裡，表現得這麼固執，不過直覺讓他知道，耐心遲早會讓他成功。

第八方位是空的。這類型的五角星主人天生對愛情沒有特定的期待。他在這個領域中，有機會獲得新奇的體驗。他以活力管理生命中的這個面向，成功與否完全看他自己。通常，他剛開始面對愛情時所採取的態度，會帶給他一些不太愉快的經驗。他很少會在一生當中只愛一個人或只愛同一類型的人。他有選擇的自由。不過，如果他不想停留在模糊不清的狀態中，或是只停留在體驗的階段，他就應該學著列出明確的期待與想望。

(.)

第八方位出現一個動態數字。這類型的五角星主人首先必須發展出對自己的愛。只要他不接受自己原本的樣貌、不承認什麼是自己不喜歡的，他就會一直懷疑別人是否能做到上述這兩點。他確信「偉大的愛」是存在的。儘管如此，他會害怕投入，而且他的個人自由勝過可靠的感情。因此他會一直尋求幸福，但不是真的相信它。在人際關係中，他可能會採取服從或

忍讓的態度，這會使他無法客觀，不能保持適當的距離審視狀況。如果他能學會嘲笑自己、發展出幽默感，他的生活會變得更輕鬆。

(..)

第八方位出現兩個動態數字。這類型的五角星主人能否擁有愛情，取決於他對自己與他人能投入多少程度的信心。為了能夠實現他愛情的夢想，他應該停止評斷與分析另外那個人的態度，不要拿懷疑面對他，或是無論如何都要了解他。如果他能接受另外那個人也能保有他的複雜性並且表現出同理心，他就能擺脫自己的投射與偏見。

(...)

第八方位出現三個動態數字。這類型的五角星主人渴望受到誘惑，他要看到許多愛意的證明之後，才會表現出他的愛。他對另一個人的期待似乎超過了限度，而他甚至不會把自己的期待說出來。因此，和他住在一起可能會很複雜。儘管他天性有趣又迷人，但要和他接近其實很難。他喜歡「狩獵」，但不見得喜歡捕獲的獵物。有時他會幻想自己是個很特別的人，而且沒有人能真正了解他。這種想法可能會製造出孤立的狀態，甚至會一直孤獨下去。

9
我收穫、我體驗、我做總結，
我需要重現事實

　　我匯集宇宙所有的經驗，所以我可以嘗試新的開始。我可以更新與拓展我的視野。我從前幾世的輪迴中學到如何改變與轉換我的思想流程，所以我能創造新的觀念與策略。不能根據群體的規則來訓練我，我會發明屬於自己的規則與程序。想要認識我的必須主動、想要了解我的必須精通以天下奧祕編碼的語言、想要見我的必須有本事看出無形。我是來傳遞知識的。我只聽得見我想聽到的。我尋求機運、自由與豐富。我無視困難的存在。我很好奇，什麼都想知道。如果某個主題吸引我，我就能立刻接收與整合資訊，將它們轉換，運用在其他地方。我厭惡所有靜態與一成不變的事物。我喜歡組合各種零件造出新的裝置。我必須學著深入事物的內在。

　　五角星中出現數字9，通常等同於知道如何接受與納入所有的資訊與材料。它同時也指出有能力整合並充分利用學習到的知識，能從經驗中汲取教訓。五角星主人通常對於冒險抱著開放的態度，而且天生對於實驗具有特殊的喜好，把注意力放在讓他覺得趣味很獨特的領域。數字9的出現，也代表挑剔的耳朵，他只聽得見他想聽的，不合他意的一概略過。這種情況可能會有礙進化，使原本開放的心靈變得僵化。

芳香療法

　　五角星主人的生日有一個或多個數字9：欖香脂精油能使內心更平靜，雲木香有助於和大地的本質，建立重要的連結，芫荽能察覺真相，胡椒薄荷能帶來更多的清晰度，各種薰衣草能轉換既定的思想流程，髯花杜鵑將心輪與頂輪連結在

一起，芳香白珠擺脫糾纏不清的念頭，檸檬羅勒能轉換理性的精神。沒有數字9，通常代表具有選擇各種興趣的自由。不過，選擇也能代表困境與缺乏信心。危險的是，興趣只會集中在一段時期之內，不會從中尋找真正的才能。越能察覺與認知真正的興趣，努力與投資就越能得到回報。

芳香療法

　　五角星主人的生日沒有數字9：豆蔻精油能發展自我的才華，菖蒲能喚醒認知的記憶，胡蘿蔔籽帶來更多的確信，高地杜松能更加展現自我，高地牛膝草與岩玫瑰通向潛意識。數字9的方位決定了我們整合所有過去經驗的方式，我們從中學到什麼，以及如何重建眼中的真相。這個方位也能顯現出我們用什麼方法，來知道眼前是否為適當的時機。它還指出我們的興趣類型、熱愛的事物、頭腦的靈活性、汰換經驗的能力，以及面對生命中各種意外的應對方式。

　　對照身體的部分：五角星第九方位影響胰臟的功能。

❉第九方位的組合變

　　第九方位只有一個9。這類型的五角星主人覺得自己在這一世中，必須專注在某個特定的主題上。真相會經過仔細的探討，精神則集中在尋求解決的方法。只有在得出結論時，五角星主人才會繼續另一項任務。他常常覺得被限制在自己的空間裡，確信種種狀況是在妨礙他進化。結果是他通常只聽見對他有利的，態度非常偏頗，這可能會妨礙他具有全面的視野與通盤的分析能力。

　　第九方位出現兩個9。這類型五角星主人的「腦袋」無時無刻都在運作。他有很強的分析能力，不屈不撓地尋求解決的方法。對他來說，如果不用頭腦分析，很難理解一個狀況。因此，他難以接受任何他在智力上無法理解的想法。他應該發展聆聽的能力，並且接受世上確實有些事，是他的腦袋無法理解的。最

好不要再一直回答「是」，而不把對方要說的話聽完。如果這類型的五角星主人能夠採納新的想法，不必非得用腦袋理解，他就能獲得更多的成就與富足。

999 第九方位出現三個或多個9。 這類型的五角星主人的「腦袋」無時無刻都在運作。和上一個星型一樣，他總是反覆思考以找到解決的方法。這類型的五角星主人認為自己什麼都知道，並傾向於守著那些知識，不想把它們傳遞給其他人。結果，他周圍的人常常覺得他複雜，很難了解。也許可以說他的主旋律是「如果一件事可以很複雜，為什麼要把它弄得很單純？」他喜歡「特別」，認為一般事物平庸而無聊。要想進化，他一定得發展出聆聽、有耐心、有毅力的能力。如果他能學會接受和自己不一樣的觀點、把別人的話聽完而不擺出不感興趣的表情，這會是他個人的一大勝利。

9(.) 第九方位出現一個9與一個動態數字。 命運在這兒提供給這類型的五角星主人的可能性是：了解自己可以運用不合常規、非典型的工具，在特定的領域拓展事業。發展自我的訓練，能幫助他認識自己的思考模式，他就能以更恰當的方式利用它們。如果他能看出隱藏起來的運作方式，他就能實現完全意想不到的、了不起的事物。他會成為自己領域中的大師，把發現與啟示傳遞給其他人。

99(.) 第九方位出現兩個9與一個動態數字。 這類型的五角星主人必須避免壓力、緊張，以及把自己和他人做比較，他就有可能發現自己最深層的思考模式、他的靈性以及他真正的潛能。這類型五角星主人的思考能力有很大的程度取決於周圍的人。他的行為可以因為環境而表現出熱情、有動力，或正好相反，悲觀而消極。他必須意識到別人對他產生的影響。發展出勇氣、耐心

與毅力，能使他擺脫束縛。

999(.) **第九方位出現三個9與一個動態數字。**這類型五角星主人的成就主要取決於他是否能以正確的角度，看待自己過大的野心。如果他能認清單純的美，他就能擁有明智的心靈。他對完美的渴望讓他非常緊張，壓力其大無比。他應該學習退讓，降低自己的苛求，唯有這樣，他才能擁有明智的心靈。如果他能選擇放手，在思考上保持適當的距離，發展聆聽與等待的能力，他就可以充分發展自我。

9(..) **第九方位出現一個9與兩個動態數字。**這類型的五角星主人時常誤用他的知識與才能，輕易地讓別人握有掌控權。他越愛比較，就越沒自信，結果就是只能專注在維持生計的事物上面，出於壓力而行動。這種機制在遇到困難與衝突時，會引起種種障礙，使他喪失信心。進行安定情緒與冥想的練習，有助於找到內在的光芒，並且更相信自己的行動。

99(..) **第九方位出現兩個9與兩個動態數字。**這類型的五角星主人同樣應該避免把自己與他人做比較，因為這是他緊張與壓力的來源，而且會妨礙他發現自己最深層的思考機制與靈性。通常他必須依靠外界的幫助，才能認出自己的潛能。這類型的五角星主人很少能發展出特殊的才能。在大部分的情況下，他會從事「流行」的職業。人際關係的選擇很重要，他最好從小就要學著保護自己，不要受到負面的影響。

第九方位是空的。他能自由選擇感興趣的事物。他最好表現出主動性，擁有清楚而明確的目標。有時候這類型的五角星主人會跟隨大眾的腳步，而沒有想到要找出自己真正的才華。由於他有選擇上的障礙，需要時間來確定什麼才是自己真正的興趣類型；他可以在好幾種很不相同的領域發展出才能。

La pentanalogie miroir du destin

第九方位出現一個動態數字。 如果這類型的五角星主人仔細觀察自己的狀況，會發現許多反覆灌輸的偏見。這些偏見會妨礙他看見與抓住生命為他保留的機會與運氣。他為自我發展安上了很強的煞車裝置，因為他能「播什麼種」與他能「收穫什麼」的決定權，不屬於他。要想避開這種狀況，他必須制定清楚的目標，把注意力集中在自己的任務與感興趣的領域，找出什麼是自己真正熱愛的事物，他就不會受到過多的操控，了解自己的目的，筆直地向前邁進。

第九方位出現兩個動態數字。 這類型的五角星主人往往會在錯誤的時刻，對錯誤的事情感興趣。只有當他面對因行動而造成的後果時，能讓他意識到這種情況，使他變得更審慎。不過，這不是他獲得的唯一教訓。他會輕易地被快速成功的承諾沖昏頭，慘遭失敗。因此，一路走來，困難的局面並不少，他只能在有壓力的情況下行動，沒有評估風險。他大部分的行動都以生計為基點，而不是尋求進步或進化。他採取防衛的姿態，而不是把眼光放在發展與未來上。

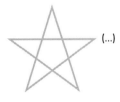

第九方位出現三個動態數字。 這類型的五角星主人非常渴望職場上的成功，但他有加速事態發展的傾向。他在「分秒之間」做出反應，但隨後會發現自己的行動，有時會帶來慘不忍睹的結果，因為他沒有對局勢進行全面的分析。他必須擁有更全面的視野，並且發展聆聽的能力。他應該學著在做事時更謹慎、更有耐心。

10

我為了永恆而創造，
我需要在永恆中留下痕跡

我象徵轉換，數字1（自我）與數字0（帶著混亂的宇宙）的結合。我被迫擁有實體，所以這個實體讓我很不高興，可是我不得不接受它。我代表從自我意識（1）到宇宙意識（0）之間的轉變。我比任何一個數字都更能察覺我的前世。由於這個原因，我常常把眼光放在過去或未來，我對現世不太感興趣。我喜歡新穎的、不可能的事物，我想要從事和別人不一樣的活動。我討厭被看成是一般人。沒有人了解我，而且我不明白為什麼有人會怕我。總而言之，我只是經過這個世界，只想留下我的痕跡，造出讓人想起我的文物。似乎我在前世的時候，濫用我的權力，所以我常常會從事療癒的職業，幫助別人恢復健康。通常我的角色是要告訴別人，如何才能重新獲得他們身體、心理與精神上的潛能。沒錯，我有時會落入自己過去的機制中，因此沒人了解我。我常常覺得孤單，沒有歸屬感。我不會為了某個原因而投入，因為我知道沒有什麼是永遠的。我需要神祕。

五角星中出現數字10（或數字0），指出找到自己的使命是最重要的事。五角星主人在前世中可能具有重要的地位。因此從小，權威與勢力的概念特別能夠引起他的共鳴。父親的形象很重要，會對野心與運用潛能的方法造成深刻的影響。對五角星主人來說，最重要的事就是意識到當下的重要性，並致力於未來的計畫。

芳香療法

五角星主人的生日有一個或多個數字10：馬鬱蘭精油能將更多的生命力投入當下，穗甘松有助於找到自己的中心點，將大地的能量帶入心輪。胡椒薄荷能擁

有清晰的想法與冷靜的頭腦。檸檬發展整合與分析的意識。阿米香樹與檀香能發展出更多的智慧。乳香發展心靈溝通的力量。沒藥有助於察覺自己的道路／心聲。羅文莎葉能發展綜觀全體的視野。

沒有數字10，代表剛開始的時候，五角星主人不太重視自己的社會地位。年輕時候的他，注意的是如何融入或服從。有的時候，他會採取和父親類似的處世態度，因為他不見得知道，如何才能獨立自主地發展自己陽性（男性）的一面。他必須意識到自己的這個機制，如此才能在他和別人發生衝突的時候，更清楚必須採取什麼態度。

芳香療法

五角星主人的生日沒有數字10：大西洋雪松與絲柏精油能在護衛自己的權益時，集中注意力並提升毅力。豆蔻有助於轉換思考的程序，察覺自己的特性。迷迭香與杜松能發展出更多「陽」的一面。西洋蓍草與檀香能使人更了解父親與一般男性。數字10的方位決定了我們如何管理自己性格中，陽性面向的方式。我們是要樹立威望，還是要一直尋求他人的保護。在這兒能看到自我控制的能力，以及與他人抗衡的方式。這個方位同時也指出，周圍的人如何看待我們：是個「脆弱」的人，還是有力量的人。第十方位顯示出哪些課題能削弱我們的力量，哪些又能給我們力量。我們如何拿自己與他人做比較，如何看待群體中的自己。如何尋求自己的特性，認出自己這個個體。我們是在尋找可以依靠的肩膀，還是只有自己可以依靠？

對照身體的部分：五角星第十方位影響荷爾蒙。

❀第十方位的組合變

第十方位只有一個10。雖然這類型的五角星主人尋求獨立，但他始終處於某人的控制之下，因為就算他有龐大的野心，總是有人比他更強。他從小就遠離權勢，不喜歡依靠他人，他要找到能讓自己自由、獨立的行業。他應該了解對自由的需求，

往往會變成牢籠，而且體驗自由的價值並不需要依賴外在的環境。如果他能建立正確的觀念、學會放手、培養愉悅的心情與幽默感，他就更能發展自我，他也必須知道，樂於助人並不一定代表屈服。

第十方位出現兩個10。儘管這類型的五角星主人具有挑釁的一面，但他害怕權威。他可能與握有權威的人士，發生過不好的經驗——最早是從父親那兒領教出來的。他最好能向人請教所有關於正式規定的事項，並把某些工作託付給別人。他應該停止挑釁，因為大部分的時候，他會輸掉這種競賽。他不該再覺得全世界都對他不滿意，因為這種感覺可能會生出有點「偏執」的成分。

第十方位出現三個或多個10。這類型的五角星主人完全不可能服從或接受指令。他追求與眾不同的地位，不惜代價渴望享有榮譽、受人尊重、受人愛戴。他周圍的人可能會覺得他有點不可一世，很傲慢。他樂於擺出「另類」的形象，有點邊緣化，有點特別。他很難理解別人看待他的方式。如果旁人要求他再謙虛一點，他可能會覺得不快或是被冒犯。如果他能學著妥協、關心旁人的需求，如果他能欣賞單純的事物，他就能發展自我，擁有更多的友誼與愛。

第十方位出現一個10與一個動態數字。這類型的五角星主人擁有自然的魅力，喜歡受人愛戴，擁有自己的群眾。這一點可能會使他在真相面前變得盲目。不幸的是，他沒有從事實中得出結論，沒有改變他的態度。

第十方位出現兩個10與一個動態數字。這類型的五角星主人在表現自我之前，傾向採取謹慎、羞怯的態度。他在與人交往

的時候很小心，很少全心全意的投入。他會擔負起交給他的責任，因為他知道萬一出錯，後果可能會很嚴重。還有個一直存在的矛盾：他希望能影響、鼓舞，或引導他人，但他怕自己會過度使用權力，不太知道自己的自由與力量，在觸犯他人的自由與力量之前，能夠到達什麼樣的程度。他應該放開自己的期待，學著接受事物本來的樣子，不要再認為如果自己不接受別人的觀點，別人就不會喜歡他。

第十方位出現三個10與一個動態數字。這類型的五角星主人不願意臣服在他人之下，也不接受指令。他追求了不起的社會地位。他和方位中出現三個10的五角星主人具有相同的態度，但多了一點靈活，這讓他可以意識到他人的需求。

第十方位出現一個10與兩個動態數字。這類型的五角星主人必須對自己也對他人更有信心，這樣他就不會再有被淹沒的感覺。他會為後果擔心，害怕處罰，因此他尋求安全感，以便處於穩定的狀態。有時他會堅持「我不知道，我不要，我不能」的想法，這會阻止他的進化。

第十方位出現兩個10與兩個動態數字。權勢與自由，是很難處理好的兩件事。這類型的五角星主人很少能依照自己的意願生活。大部分時候，他必須服從某個特定團體的規定與習慣。因此他可能會覺得自己一無所有，必須依賴其他人；他還覺得世界很不公平，這會降低他對生命的熱情與喜悅。

第十方位是空的。這類型的五角星主人能自由選擇社會地位。他在年輕的時候，傾向於融入或服從社群，因為他不習慣擁有權勢，也沒有足夠的資格運用權勢。之後，他在面對威權的時候，往往會採用與父親類似的態度。父親表現出他男性一面的

方式，對他的陽性（男性）面向有很大的影響力。如果他的父親無法展現自己的權勢，他也可能會一輩子害怕威權。如果父親知道如何保護家人，他也會知道如何採取主動，全心全意地投入。他應該要弄清楚，和其他人發生衝突的時候，他的感覺是什麼。

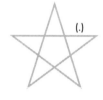

第十方位出現一個動態數字。如果這類型的五角星主人能拿出勇氣、投入心力，他就能在自己選擇的領域中嶄露頭角、樹立威望。他應該要試著在團體中表現自己。如果他能採用全面的視野、訂定清楚的目標與目的，他就能擁有獨立與自主。如果他能發展出自信、不要屈服在群體的壓力之下，他就可以實現自己那些最為龐大的野心。要想達到這一點，他得拋棄想要躲在別人身後的需求。

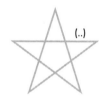

第十方位出現兩個動態數字。這類型的五角星主人必須比別人更加投入，表現出更多的責任感與意願，才能得到認可與成功。他不容易得到「領袖」的地位，因此他常常覺得受到擺布與剝削，因為有些人會為了達到目的，把他當成傀儡利用他。儘管如此，要是他能成功，有所成就，通常是因為他能聽從「無形」顧問的建議。如果他能保持接收的狀態，願意聆聽，他就能保有成果。他的眼光應該集中在進化上面，這會讓他超越所有的限制與障礙。

第十方位出現三個動態數字。這類型的五角星主人很明顯地不願成為眾人中的一員，他要把自己與別人做出區隔，與眾不同。發生令他不順心的事情時，他會做出強烈的反擊，於是，他為自己製造出的，不只是朋友……。有的時候，連他的家人都要打擊他。他應該了解，親友的態度源於他的行為，而且生命看起來是輕鬆還是艱鉅，完全取決於他自己。

第五篇
五角星的張力與界限

五星能量術分出了五種張力與四個界限，它們由互相對抗的數字組成，因而製造出內在的衝突。有些數字組合對生命而言比較輕鬆與和諧，有些則製造出比較多的痛苦與壓力。當我們說到張力與界限的時候，五角星中會出現互相對立的兩個數字，有如必須住在一起又互相作對的兄弟。至於一個在數字上呈現和諧組合的五角星——沒有任何張力、界限與重複出現的數字——可能會導致懶散、放鬆的狀態，不覺得有成長或進化的必要。障礙（重複出現的數字）、界限與張力，要求自我修鍊，它讓五角星主人心生警惕、態度積極。從這個角度來看，五角星裡的挑戰成了自我進化時最重要的合夥人；而所謂的兄弟鬩牆，形成界限與張力，就成了最具有建設性的朋友。

張力

　　有些五角星具有兩個互相牴觸的面向，它們不斷在每個層面製造出不協調的狀況；身體、心理、思考與心靈。我們稱它為張力，它是持續壓力的來源，需要加以緩和。有必要一直進行自我修鍊以調和張力。不過，我們也能從中獲得好處，因為互相牴觸同時也是互補。

　　平衡的張力使五角星主人更有自信；他的恐懼、障礙與疑慮會得以減輕，甚至消失。必須尋求內在的平靜，自我克制不要激動。藉由自覺性的、坦誠的修鍊，張力可以轉變成致勝的最佳工具。重視紀律與自我控制，構造全方位的生命藍圖，有助於訂定明確的目標，才能克服困難的障礙。為了在生命中向前邁進，一定要跨過這些障礙。

　　認清困境與弱點很重要，但控制它們也很重要。精油在緩和持續的壓力上，能給予寶貴的幫助：

　　◆藉由嗅覺影響大腦的邊緣系統，那兒記錄了情緒反應的記憶；所有的張力都是情緒紛亂的來源。

　　◆藉由按摩可以介入身體的特定部位，那些最「僵硬」的部位。

激情的張力以及1-6極性

❧牴觸面：創造——毀滅

當數字1與數字6同時出現在五角星的時候，會製造出張力：位於心靈與生命力之間、頭與心之間、理想的觀念與行為的動機之間，以及大地的力量和宇宙的力量之間。就好像一個人被分成了兩個半體，但彼此並不了解。這個面相會生出懷疑、猶豫、覺得自己被分裂，並一直處於壓力之中。

這類型的五角星主人可能會顯得固執、沒耐性，同時又具有自發性但優柔寡斷。他渴望快速達到目的，不要拖延。可是這種方式會使他對生命失去通盤的看法，變得很不謹慎，逃離命令與規章，任意行事，因此周圍的人會覺得他專制、自私。

時間管理對他來說似乎很難，他始終擺盪在猶豫不決與匆促之間。這種情況很矛盾，雖然猶豫不決會干擾他，但這是他需要的，因為判斷力不錯的他，會學會重視恰當的時機，以及完成一件事需要的時間。

以下的方法能幫他將1-6張力轉變成可觀的潛力，帶給五角星主人各個層面的成功：

——各種扎根訓練，如瑜伽、氣根。

——園藝，它與土地連結，帶來確定感，使放手變得比較容易。

——冥想，有助於建立正確的觀念，使頭腦清晰。

——定期進行使人放鬆的按摩。

十年生命計畫：這個儀式對張力很有幫助。在三十六天當中，每天利用整整二十分鐘，寫下未來十年想要實現的所有渴望、目標與計畫。在這段期間內，不要重讀已經寫下來的東西。內容重複也沒關係。三十六天之後，要和自己定下某個上弦月的日子。最好定在晚上。到了約定的時候，必須營造出神聖的節日氣氛，可以點根蠟燭，使用乳香與欖香脂精油按摩頸部，活化喉輪，和上天建立溝通的管道。

然後把三十六天中寫下來的所有筆記重念一遍，把其中最重要的部分做成摘要，抄寫在專門為這個儀式買好的本子上。接下來的四十天，每天都要大聲念一遍摘要。四十天過後就把這些全放在一邊，讓宇宙進行它的工作。

很多人做過這項練習，它所帶來的成功經驗不可勝數。其中最好的例子之一就是我先生菲利浦，1963年2月1日出生，第四型，1-6張力，屬於時常有壓力的星型。他在1991年做了這項練習，所有他希望達成的願望、計畫與目標，不僅全都實現，甚至超過他的期望。

這個練習幫助1-6張力的五角星主人，從正確的角度看待事物，發展出對宇宙

的信念與信心，擺脫長久以來的折磨：無論如何都得實現自己的熱情。

芳香療法

具有1-6張力的五角星主人

馬鬱蘭（學名：*Oreganum majorana*）精油在「能量與心理—情緒」方面的特性

——活化心輪。

——有助於活在當下。

——讓人放鬆。

——有助於放手。

每天睡前用幾滴精油按摩心臟部位，可以使人放鬆，去除腦袋裡喋喋不休的話語——這種現象常常出現在1-6張力的星型。泡澡時加入五到八滴的馬鬱蘭精油以及海鹽，可以放鬆整個人體，進行排毒。以幾滴精油用順時鐘方向按摩雙掌掌心，使人覺得空間增大，並可抵抗壓力。

歐白芷根（學名：*Angelica archangelica*）精油在「能量與心理—情緒」方面的特性

——平衡海底輪。

——傳導做決定時所需要的肯定與勇氣。

——有助於獲得力量。

——發展涉及命運的信念與信心。

遇上煩躁不安、焦慮的時候，滴幾滴精油在雙掌掌心，深吸幾下，可以恢復元氣，獲得力量。在一湯匙昆士蘭堅果油內加入五滴歐白芷根精油，按摩腳掌，有助於扎根與穩定中心點——壓力大的日子特別需要。

特別憂慮、煩躁不安的期間，每天早上以一滴歐白芷根精油按摩舌頭。

健康的張力 2-7

牴觸面：享樂——悲傷

當五角星同時具有數字2與數字7的時候，會生出張力：位於理論與實踐之間、分析的心思與行動之間、內向與外向之間、無限喜悅與深切悲傷之間。身體、心理、思考與心靈，各層面彼此同化的能力，會在外表生出直接反映內心態度的表象。這個困境的軸心要求適度感應身體的能力，以便運用能量，在適當的時刻把能量放在適當的位置。

這類型的五角星主人時常高估自己身體的狀況，過度使用體力，處於衝突與對立之中。他必須學會找出生命中各種面向之間的平衡，凡事不要光看表面。在主動與被動、繁忙與休息、進食與排泄之間，採取正確的措施。他一直擺盪在高估與低估自己能力與力量之間。有時，是疾病強迫他打開心靈的面向，要他正視命運，實實在在地評估自己的能力，並適當運用這些能力。幸好，如果他的生活方式不適合自己的素質，五角星主人的身體會立刻做出反應。

重要的是以通盤的角度照顧自己的健康，做運動很好但不要過度，可以在森林裡健走或散步等等。以下的方法能轉變這個張力，不論在思考或身體的層面，都能帶來更多平衡：

——各種呼吸訓練，如瑜伽呼吸控制法（pranayama）。

——每天進行冥想。

——定期按摩。

——運動。

——爬山，在大自然中散步。

海格，出生於1971年7月20日；1989年她擔任我家的保母，後來成了我的朋友。第一眼完全看不出來她有任何內在的壓力。漸漸地，隨著彼此關係的建立，我察覺到這個女孩不斷在質疑自己，沒有辦法為自己的學業做選擇，而且總是出現同樣的問題：「我有這個能力嗎？」我必須一直給她信心，對她說她完全能夠

盡到自己的責任——我們必須用語言把善意和愛傳達給這一型的人，因為他們始終存有疑慮。

由於我們的友誼越來越深厚，海格相信我並接受了我的建議。她完成了學業，目前是地理與英文老師。她也參加了教授氣功的訓練課程，體驗到這項藝術對健康與身心平衡有極大的幫助。她皮膚上的問題——牛皮癬，也消失了，而且沒有使用西醫的對抗療法，因為這種治療通常會有副作用，而這一型的五角星主人對此特別敏感。

芳香療法

具有2-7張力的五角星主人

喜馬拉雅冷杉（學名：*Abies spectabilis*）精油在「能量與心理—情緒」方面的特性

——為心輪創造空間。

——傳遞自由的感覺。

——給予能量。

——有助於了解經驗並從中汲取教訓。

——連結心輪與頂輪。

加拿大鐵杉（學名：*Pseudotsuga canadensis*／*Tsuga canadensis*）精油在「能量與心理—情緒」方面的特性

——讓生活充滿柔情。

——有助於認清具有破壞性的機制。

——對抗張力，帶來輕盈。

——給予自己與生命信心。

——加強能量免疫系統。

和諧的張力 3-8

牴觸面：幻想──現實

當五角星同時具有數字3與數字8的時候，會生出張力：位於夢想與現實之間、位於意志力與渴望之間、位於需要變化以及需要安全感之間、位於創新與保留之間。具有3-8張力的五角星主人看起來很溫和，是個浪漫的夢想家；他有無論如何都要實現的欲望與夢想。

他很有魅力、很能吸引人，同時也很敏感，總想要美化自己生活的狀況，所以傾向對自己說謊。在人際關係上，他有非常理想化的要求與期待，對人存有幻想。

所以他會經常為了愛而失望、難過，他的理想愛人往往後來會顯得並不完美，他會一直需要伴隨著肉體需求的強烈感受。

他喜愛誘惑！單純而天真的他，會讓美麗的承諾與話語沖昏頭，一直在證明他的愛，或是努力取悅他人，擺盪在付出與自私之間。即使沒有明顯的理由，他也可以變得很沮喪。為了將和諧帶入生活，尤其是伴侶關係，他必須跨過這個張力，要不然他會一直停留在陰與陽、男性與女性之間的抗爭。以下的方法能轉變這個張力：

──建造幸福要慢慢來。

──拋開所有對他人的依賴。

──在一開始任何人際關係的時候就要坦率，不要把真正的自己藏在誘惑的背後，不要做出無法實現的承諾。

──避免把個人的看法與要求強加給別人。

──對自己與別人說實話。

凱特琳，1958年2月13日出生，在我們瑞士的Usha Veda自然療法學院擔任照護治療師與講師。她很慷慨、樂於助人，不管發生什麼情況，她一定會幫忙。可是，就算她懂五星能量術，以及許多有助於和諧的辦法，她的3-8張力還是讓她

吃了不少苦頭。在一段關係剛開始的時候，她常常忘記要明白說出自己的期待與要求。她在與人合夥或是為自己的工作坊招募人員時，就因為對方不符合她一開始的設想，而嘗到不愉快的後果。雖然有些情況讓凱特琳感到痛苦萬分，但她因為經由五星能量術認識了自己的這項機制，所以事後總會自我嘲笑一番。

芳香療法 ✦✦✦

具有3-8張力的五角星主人

西洋蓍草（學名：*Achillea millefolium*）精油在「能量與心理—情緒」方面的特性

——為個體創造陰、陽面向的平衡。

——調和轉變中的局面。

——為男女之間創造更多的理解能力。

——創造大地與宇宙能量之間的和諧。

——緩和頭腦的運作，發展直覺的運作。

——調和極性、對比的狀況，連上大地的能量，發展直覺。

阿米香樹（學名：*Amyris balsamifera*）精油在「能量與心理—情緒」方面的特性

——有益心靈的開放。

——轉變有限度的相信，減少對過度安全感的需求。

——招引豐富。

——有助於克服偏見。

——有助於接受事物本來的樣子。

——有助於產生愛與信心。

理財的張力 4-9

✿牴觸面：確信——不確信

當五角星同時具有數字4與數字9的時候，會生出張力：位於將事物具體化與抽象化的原則之間、位於靜態與動態之間、位於保留與丟棄之間、位於對安全感以及多樣化的需求之間。這類型的五角星主人很難在浪費與吝嗇之間找到平衡。做任何事都會過度，只要可以留住財物，他能去冒不必要的風險，他很難投入精力、才華或潛力。對金錢的信念一直困擾著他。他管理財物的能力很糟，必須常常面對經濟的困境與生計的煩惱。

他在做出反應的時候，必須保持內心的平衡，要了解黑與白之間存有細微的變化。發展明智的心態，開放直覺，可以使他在財物的層面上更和諧、更自在。他必須學習在正確的時機，在合理的限度內投資。這可以保證他在財物上的收穫與舒適的生活。以下的方法能幫他調和這個張力：

——每十年做一次生命計畫，計畫中必須具有明確的目標。

——學習在購買時帶著喜悅與樂趣，不要為了東西便宜而買。

——要提高對愛、同情與心靈進化的價值觀，這可以使他不再一直需求多樣化、安全感，無條件的追求成就。

康妮，1959年5月4日出生，美容師，也是阿輸吠陀治療師。有一點要特別注意，4-9張力在第六型的五角星主人身上，表現得比其他人要更明顯，因為他們很了解什麼是物質上的限制。

我在2003年認識了康妮，當時她想拓展自己的知識範圍。康妮的表現完全符合她的出生日期，她對阿輸吠陀以及由我們公司發行的一系列產品，表現出前所未有的熱愛。我們開始合作。過了一段時間，我去參觀她的工作室，發現她存放了一大批人造的合成產品，完全不符合天然產品要求的品質。

以前我就知道，她曾經用過其他類似的產品，但讓我驚訝的是，存貨量如此之大，是我在其他工作室從來沒有見過的。於是我想了解為什麼，她說是因為參

加了每次的促銷活動，等到累積了一定的金額後，該公司還會送她很多禮物。這就是典型的4-9張力，就算不需要還是一直買，因為東西不貴。

說到上面這個小故事的後續發展，康妮因為沒辦法再向她的顧客建議這些合成的產品，只能把它們全丟了；不過她總算更了解第六型加上4-9張力的行事機制了。

芳香療法

具有4-9張力的五角星主人

阿米香樹（學名：*Amyris balsamiferia*）精油在「能量與心理─情緒」方面的特性

——請看前一頁的說明。

——擺脫物質層面具有破壞性的念頭。

豆蔻（學名：*Elettaria cardamomum*）精油在「能量與心理─情緒」方面的特性

——活化隱藏起來與遭到壓抑的才華。

——轉變思考的模式。

——有助於分辨什麼是「好的」與「壞的」機運。

馬鬱蘭（學名：*Oreganum majorana*）精油在「能量與心理─情緒」方面的特性

——發展全面的視野。

——有助於把注意力放在當下。

——有助於抓住機會。

——活化心輪。

岩蘭草（學名：*Vetiveria zizanoides*）精油在「能量與心理─情緒」方面的特性

——傳送大地的力量。

——傳送堅定的信念、信心以及安全感。

——扎根，能夠更實在地看待事物。

——有助於實現自己的想法。

La pentanalogie miroir du destin

——遇到身心不穩定、疲乏的時候，給予支援。

使命感的張力 5-10

❀牴觸面：榮譽——屈服／順從

當五角星同時具有數字5與數字10的時候，會生出張力：位於眼前的真相與渴望權勢之間、位於真相以及因擺脫而起的感傷之間、位於人世與非人世的維度之間、位於當代的秩序與宇宙的混亂之間。這類型的五角星主人必須一直學習，如何在實現自己的使命與維持人際關係的和諧之間找出平衡。他得找出自己的使命所在，並與他人維持平衡的關係，尤其是和他的生活伴侶。如果他沒有隱藏自己的渴望，沒有依賴他人，他就能獲得榮耀。

當他獲得成功的時候，他可能會落入另一個相反的極端：他的伴侶也許會視他為主宰，而退縮至被動的地位。他應該要知道，在任何關係裡面，每個人都是平等的，並不需要由誰掌控或服從。某種容易傷感的性質，導致他傾向害怕、依賴、消沉、發怒、脫軌，或是過度興奮。以下的方法能轉變這個張力：

——要堅決確認自己的立場、控制自己的情緒，這樣可以克服他的恐懼，擺脫他對權勢與認可的持續需求。

——為價值觀列出名單，把那些可能會製造出無用張力的刪除，例如：獨立、勝利、成就……，要重視感激、信心與同情心。

——擺脫懷想美好世界的感傷，以及未來會實現夢想的期待；把更多的注意力放在當下。

克里斯欽，1955年10月14日出生，跨國公司的高級幹部。2003年，克里斯欽前來諮詢時，完全看不出他內心的痛苦。剛開始接觸時，我甚至想：「為什麼這個成功的男人會來諮詢呢？」長得帥又有魅力，酷似喬治‧克隆尼，生活富裕，有個美麗的太太與兩個漂亮的孩子。正處於每個男人渴望到達的頂點。

經過幾分鐘的閒談之後，我確定他來找我，必定是為了探討某些特定的困擾。克里斯欽告訴我，雖然他已經達成幾乎所有年輕時定下的目標，但是他不幸

福。經過幾次外遇之後，他變得更痛苦，還生出了罪惡感。

此外，他覺得越來越累，不論頭腦還是身體，可是他定期做運動，也有均衡的飲食習慣。他怕自己得了倦怠症（Burn-out）。他已經找過好幾個治療師，都沒有滿意的結果，他來看我不過是想再試一次，「反正我全都試過了」。

他的五角星從第八型轉變成第九型，可以為他的狀況做出解釋：儘管擁有物質與感情上的成就，仍然展現出苦惱的心靈。可是我們不一定能辨識出缺少了什麼，或具體察覺痛苦的根源。

5-10張力會更加著重於尋求「真正的使命」、「真正的道路」。他的五角星裡有兩個5，對於必須把他人擔在肩上，但又不能改變什麼的事實，表現出某種絕望；兩個5是害怕背叛的源頭。

這類型五角星指出擁有者比較重視的價值觀：

——自由：建立在「如果我能做我想做的，就表示我很自由」的信念上。

——致勝與成就：「如果我能成功，我就能自由地做我想做的事」。

——真理與正義：這一點對於帶著5-10張力從第八型轉變到第九型的人來說十分典型，因為他們相信真理與正義會帶來和諧與平衡，這兩個價值觀製造出必須不斷在「公平」與「不公平」之間做選擇的內在衝突。

——創造力與多樣性：第九型渴望跳出平庸與無聊的狀態。

克里斯欽向我確認了以上這些價值觀，在他的生命中確實是最重要的。對於如此講究實效的人來說，很難從心靈或能量的訓練中找到解答。

帶著5-10張力從第八型轉變到第九型的人，必須喚醒心輪，創造出把能量提升到頂輪的管道。如果五角星主人不了解這一點，就會一直面對怒氣、煩躁、挫敗感，而且任何藉口都能拿來評論，拿來指責他人。

我建議克里斯欽把那些能使他內心更平靜、更從容的價值觀寫下來，但是要偏向這幾類：

——信心與信仰。

——感恩。

——無條件的愛。

——創造力與靈感。

——慷慨。

——接受。

——同理心與同情心。

——無條件的喜悅。

在每一類型中，他必須找出四種能表現出上述價值觀的狀況。他還得注意這些狀況必須很容易實現，而且只要靠他自己就行。例如：愛

——狀況一：每當我聽見孩子的聲音，我就會感受到愛。

——狀況二：每當我能幫助他人、表現出同情時，我就會感受到心中的愛。

——狀況三：每當以某個慷慨行為帶給妻子驚喜，我就會感受到心中的愛。

——狀況四：每當我被大自然的美感動時，我就會感受到創造世界的愛。

我後來又見到克里斯欽三次，他配合得很認真，帶著愉悅的心情進行他的儀式。三個月後，他的溝通方式開始改變，他看起來比較謙虛、脆弱，但同時也比較容易親近。

第三次交談之後，我建議他使用檀香、乳香與大馬士革玫瑰精油，每天早上去工作以前，把它們擦在心輪與第三隻眼上。他開始熱中於使用精油。現在，他對生命有了較為全面的看法，每天進行冥想，他說有的時候「老魔鬼」還是會出現，但是他知道如何保持距離了。

整體而言，他比以前更平靜、更快樂，同時也增加了嘲笑自己的能力。他也說和家人的溝通變得比較容易，而且和他們相處的時候也更快樂。

芳香療法 ★★

具有5-10張力的五角星主人

西洋蓍草（學名：*Achillea millefolium*）精油在「能量與心理—情緒」方面的特性

——為個體創造陰、陽面向的平衡。

——調和轉變中的局面。

——為男女之間創造更多的理解能力。

——創造大地與宇宙能量之間的和諧。

——緩和頭腦的運作，發展直覺的運作。

——調和極性、對比，連上大地的能量，發展直覺。

檀香（學名：*Santalum album*）精油在「能量與心理—情緒」方面的特性

——有助於打開心靈。

——有助於從正確的角度看待自己，為自己帶來平靜。

——學會放手。

——放鬆僵化的頭腦，轉換講求理性的心靈。

——有助於接受事物本來的樣貌。

乳香（學名：*Boswellia carterii*）精油在「能量與心理—情緒」方面的特性

——發展溝通的能力。

——活化上層的脈輪。

——有助於打開心靈。

——放鬆僵化的頭腦。

——支援心靈的探索。

La pentanalogie miroir du destin

大馬士革玫瑰（學名：*Rosa damascena*）精油在「能量與心理─情緒」方面的特性

　　──在潛意識的層面，打開心靈的中樞。

　　──分解阻塞的氣場。

　　──有助於打開心靈。

　　──展現天堂之路。

　　──驅逐負面的想法與感情。

　　──發展無條件的愛。

界限

　　界限是一組包含兩個對立極性的數字。它可以被看成是一扇門、一條通道、一個開口，或是一座橋。不論是哪一種情況，都涉及某種必須克服的挑戰，以便在兩個看起來完全對立的面向之間創造和諧。它是必須通過的考試，關乎個人發展的過程；它是有待跨越的階段。

　　能經歷界限的考驗是一種運氣，它能使我們脫離舊有的模式，拋棄我們的執念、限制與阻礙。克服界限得以解放自我，創造新的空間，並以自己的方式來布置它。如果能將考驗視為運用意識來改變命運的機會，通過界限就能帶來新的自由，釋放真正的潛能。內在的力量也會更強大。

　　所有已解決的問題、所有已克服的困難、所有已排除的障礙，都能為堅持到底的個體帶來利益與成果。

生命與物質的界限 5-7

　　在大部分的情況下，這道界限會在出生的時候就已經克服了，五角星主人的母親通常在分娩時會遭遇困難。從那時開始，這個生命就會受到上天的保護，雖然他個性衝動、凡事憑直覺，但他其實一直受到引導而不自知。他生來每個細胞都刻上了堅毅，這一生迎著風浪前進。他能清楚表現自己的渴望與毅力：一切都經過考慮。雖然人生的路上偶爾會遇到困境，但是他會接受，因為他的潛意識知道必須面對考驗才能進化，才能完成他在人世間的任務。

　　樂觀且樂天的他，在接受考驗時能從好的一面看待事物，輕鬆度過難關。他的彈性幫助他融入新的狀況。由於他已邁入新階段的輪迴，所以他能承受命運嚴酷的打擊，不至於一蹶不振。然而，他還是得繼續向前，不可以停滯不動。他必須獲得新知，拓展視野，也因此大家通常覺得他特別、很不一樣，甚至很有異國

風。絕不墨守成規的他，希望能讓事情好轉，改變局面，以便為更美好的人世做出貢獻。可是他得注意，不要對旁人濫用自己的權勢。

他可能會承受物質上的限制，迫使他對自己產生疑問，審視自己的策略與生活方式。身體上，他會感到全身沉重，尤其是雙腿。他和大地的力量深刻的連結在一起，很難與它分開，也很難前進。他必須學著每天放開心中掛念的事，不要再扮演受害者的角色。以下的方法有助於克服這個界限：

——不要再覺得自己是世上唯一受苦的人。

——保持聆聽的能力，不要想著一定得強行加入自己的意志。

——到森林裡健行或散步。

——定期去按摩，尤其是腿部，幫助淋巴與血液循環。

——化解和家人之間的心結，展現出包容的能力。

珍妮特，1975年7月1日出生，室內裝潢師。我在1998年認識珍妮特，那時她剛完成學業，想就未來的規劃找我諮詢，同時也想就腿部的循環問題尋求芳療的建議——這是5-7界限典型的困擾。

我問珍妮特有關她出生時的狀況，她告訴我分娩的過程很久也很困難，讓她母親的精神受到很大的創傷，決定再也不要生了。珍妮特是家中的第二個女兒，相較於她的出生，她母親的第一次分娩過程比較順利。

她還告訴我，她一直覺得自己在家中像個外星人，不論是在身體、心理或思想上，任何方面都和所有人不一樣。她小時候常常懷疑自己可能不是親生的。她愛她的家人，但不覺得彼此之間有什麼深刻的關聯，或是有必要常常看到他們。

我問她是否接受過家人給的任何建議。她對這個問題的反應十分激烈：「我不是說了嗎……，不管是我媽、我爸還是我姊姊，沒有一個人了解我……，我們之間的關係沒有衝突，但是他們想像不到我的任何感受……，我愛他們，但是我和他們不一樣，他們沒有能力給我任何建議。」

界限5-7常常會使五角星主人覺得自己比家人優越，但他不會把這個感覺明白地表現出來。他以某種上對下容忍的姿態看待家人，因為他認為家人什麼忙也幫不上。因此，具有界限5-7的人，往往會帶著有點高傲的姿態接觸其他人。他

讓人覺得像是慷慨的貴族或施恩的善人，同時大家也看出他的一些傲慢以及優越感。

我為珍妮特建議的精油，一方面作用在循環與淋巴系統，但它們的特性也能對應到她的五角星。除了下面列出的精油之外，我還建議她使用歐洲冷杉，調和她的兩個數字7（肺部與呼吸系統充血），每天把檀香塗抹在第三隻眼的部位，同時向宇宙禱告，祈請發展出更多的同理心與同情心。

芳香療法

具有5-7界限的五角星主人

絲柏（學名：*Cupressus sempervirens*）精油在「能量與心理—情緒」方面的特性

——有助於專注在最重要的事物上。

——有助於訂定優先順序。

——活化第三隻眼與頂輪。

義大利永久花（學名：*Helichrysum italicum*）精油在「能量與心理—情緒」方面的特性

——有助於意識到，某些機制的運作，會受到過去的支配。

——有助於克服源自過去的傷害。

——活化第三隻眼。

——活化能量的流動。

穗甘松（學名：*Nardostachys jatamansi*）精油在「能量與心理—情緒」方面的特性

——連結海底輪與心輪。

——帶來平靜、從容與放手的能力。

——對心的部位產生作用，有助於保持中心點。

——將能量由海底輪導向頂輪。

La pentanalogie miroir du destin

星辰與情緒的界限 4-8

要跨過這個界限，五角星主人必須擺脫經由教育流程與思考模式造成的限制。消化功能不佳，因為阻礙不只出現在情緒與頭腦的層面，也出現在身體上。阻礙的現象可以分為好幾種：

——身體上：胃部攣縮、消化不良、腹部疼痛、呼吸短促、氣喘。

——心理上：焦慮、恐懼、失眠。

——頭腦上：僵化、缺乏開放的心靈

消化不良是因為很難弭平傷口與怒氣，以及所有一般性的情緒問題。情緒的記憶力太好，使得五角星主人出了問題，情緒層面缺乏控制力，發展出過激的反應。重要的期待讓位給大量的失望，完美主義的一面使人變得特別嚴苛，不只是對待自己，對別人也是如此。

有時，這類型的五角星主人會因自卑的情結而受苦，因此，他會犧牲自我，屈服在他人的命令之下。他的經歷會引導他掌握自己的命運，不再仰賴其他人。

他從小就很忠實、認真賣力又正直，他認為自己必須屈服在父母的需求與要求之下，並由此得出了推論：如果他持續付出，就能確定獲得他人的愛。敏感的他能立刻察覺旁人在精神上遭受的不幸，而且他認為減輕他們的痛苦是自己的職責，隨時可以犧牲自己的要求。他覺得自己有責任完成旁人的期待，非常看重自己扮演的角色。

藏在他講究實效與精確實情的背後，各種情緒翻騰不已，隨時都可能爆發。因此，他阻擋不了反來覆去的念頭。不過，他籌劃事物的表現非常好，有條不紊且講求策略。他對美的領受力非常強，能把自己的家布置得充滿了品味與愛。擁有無限的創造力。以下的方法有助於克服這個界限：

——獲得情感與精神上的成熟，使他可以充分發展自我，並將他具有創造性的無限潛能加以運用。

——聆聽自己的願望，不要害怕將它們實現。

——拒絕因為害怕失去別人的愛而做出犧牲。

——聆聽身體發出的警訊，敢於表達自己的不適與苦惱。

——要了解完美並不存在，以同情、包容面對自己的弱點。

法蘭西斯卡，1989年4月17日出生。她從很小的時候開始，就以認真、細心，講究明確的一面，讓周圍的人驚訝不已，不論是在學校，還是去上舞蹈課。她才四歲的時候，她畫的圖就已經表現出驚人的準確度，非常注意細節——第三型是很好的觀察者，所以這個面向特別明顯。

她的父母進行冥想已經很多年了，她也開始學著做，一點也不排斥，過程進行得非常自然；這一點對第三型來說倒是很特別。她有消化不良的毛病（4-8）以及過敏性鼻炎，在她看來，這些問題很「正常」，沒有什麼好抱怨的。

有三種精油很適合她：羅馬洋甘菊可以安撫與減緩她的太陽神經叢；德國洋甘菊和龍艾有助於對抗過敏性鼻炎。這三種精油都能緩和太陽神經叢，這個部位對具有4-8界限的五角星主人來說比較弱。洋甘菊還有助於擺脫天生追求完美的一面。

芳香療法

具有4-8界限的五角星主人

羅馬洋甘菊（學名：*Anthemis nobilis*）精油在「能量與心理—情緒」方面的特性

——帶來平靜與放鬆。

——減輕惱怒與煩躁。

——有助於建立正確的觀念。

——調和臍輪，太陽神經叢。

——有助於認出完美主義者的機制。

德國洋甘菊（學名：*Matricaria recutita*）精油在「能量與心理—情緒」的特性

　　——有助於和自己講和。

　　——擺脫對完美主義的需求。

　　——有助於接受自己的弱點。

　　——淨化靈魂體。

甜茴香（學名：*Foeniculum vulgare dulce*）精油在「能量與心理—情緒」的特性

　　——使人在判斷狀況的時候，能夠更客觀、更有辨別力，而且不要太激動。

　　——保護自己對抗他人的影響、挑釁與沮喪。

　　——保護自己對抗邪術的攻擊。

　　——不畏懼使用語言表達，擺脫情緒化。

　　——有助於「消化」各種經歷與食物。

頭腦的界限 3-9

這個界限是理性與智力意識的基礎。它就像電腦抓住潛意識的符號，把它們傳送到意識層面，以便將它們轉變成工具，好完成日常的工作。這個層面包含了意識到的真相，以及運用智力理解。

　　這類型的五角星主人具有高度的責任感，他絕不接受事情可能不按照他的想法進行。一直都很活躍的他，沒有拿出足夠的時間思考。他選擇「把全世界放在他的肩上」，會替周圍的人做決定。

　　他很難把責任託付給別人，因為對他們缺乏信心。他寧願握有控制權，由自己執行工作，這會使他在執行的過程中，判斷力降低且太過倉促。漸漸地，他周圍的人就不再採取主動，變得越來越被動也越依賴，使得他筋疲力竭。

　　具有3-9界限的人，原則上認為自己必須全部一手包辦，才會受人喜愛、認可、重視。有時，他喜歡讓別人注意到自己的行為與表現，這會讓他覺得自己無可替代。他覺得自己做得比別人好，這種想法讓他看起來是個以自我為中心的人。

擔負著所有這些責任的重量，這類型的五角星主人的頸部與位於上背部的方肌痠痛不已。年紀越長，他的背部就會被重量壓得越來越駝；可能會出現呼吸道與眼睛方面的問題。

以下的方法有助於克服這個界限：

——意識到自己是自身壓力的唯一製造者。

——為自己保留一些時間，在行事曆上每天預留至少三十分鐘，只用來放鬆，或是讓自己覺得舒服：散散步、泡個澡、讀本好書、聽音樂、享受令人放鬆的按摩等等。

——品嘗寧靜，培養耐心，從他人的工作實效中發展信心。

——學習託付與聆聽。

——克服對權勢的需求，給予他人讚賞與認可。

——練習如何讓頭腦平靜，減少智力過度運作的技朽：武術、冥想、瑜伽、太極拳、氣功等。

保羅，1936年9月21日出生，第四型外加1-6張力與3-9界限。他是以前我在某跨國公司工作時的同事，訂購部門的負責人。他看起來總是忙得不得了，累積了一大堆加班時數，每次都說自己沒時間用完應該有的休假。

有一次，我向他要供應商的電話號碼，然後我在旁邊等他把號碼抄在紙上拿給我。結果，保羅直接撥了號碼，把電話遞給我。

這個小故事說明3-9界限可以表現得多麼誇張。

芳香療法

具有3-9界限的五角星主人

真正薰衣草（學名：*Lavandula angustifolia*）精油在「能量與心理—情緒」方面的特性

——放鬆，對抗壓力。

——緩和太陽神經叢，活化頂輪。

——有助於緩和過度運作的頭腦。

——減輕不斷想要全部包攬的念頭。

墨西哥沉香（學名：*Bursera penicillata*）精油在「能量與心理—情緒」方面的特性

——學會說「不」。

——學會託付。

——把能量帶入心輪。

——使人變得溫和，將溫情帶給自己與別人。

——有助於通過直覺理解，變得比較感性。

欖香脂（學名：*Canarium luzonicum*）精油在「能量與心理—情緒」方面的特性

——使思考的層面更和諧、平衡。

——平靜地對待自己。

——增加對自己與他人的信心。

——使過度理性的心靈變得更開放、更容易接納。

大高良薑（學名：*Alpinia galanga*）精油在「能量與心理—情緒」方面的特性

——調和喉輪。

——有助於以超然的態度落實自己的想法。

——有助於認清事實。

——更能察覺出能量在體內流動的狀況。

心靈的界限 2-10

這個界限是轉變的同義詞。它是過道，從理性意識和具體可見的現況，通往心靈意識和宇宙本體。克服這個界限就能擺脫成見，把它們轉變成宇宙的能量。這也表示將會擁有獨立的思考方式，隨時準備好改變自己的視野。

這類型的五角星主人可能會覺得自己處在混亂的狀態中，左思右想但沒有什麼的結果。他覺得自己四分五裂，必須屈服在群體的信仰或想法之下。「心靈的狂妄自大、（與／或）以自我為中心」，「盲目獻身於某個信仰，或某個他認為是大師的人」──他可能會擺盪在這兩種狀態之間。有時候，他會把自己嚴實地封閉起來，拒絕任何想法與觀點，除了那些已經灌輸到他腦袋的裡之外。

心靈的界限邀請五角星主人拓展心靈的視野，持續對所有新知保持開放的態度。克服這個界限需要恆心、勇氣，以及質疑自己的能力。五角星主人必須改善觀察與聆聽的能力。具體而言，就是聽到真正說出來的話語，而不是自以為聽到的。就像看到實際情況，而不是自己想要看到的。重要的是要擺脫教條、擺脫大眾的想法，以及先入為主的觀念。

他周圍的人或是環境中的群體，可能會妨礙他心靈的開放與解放。當這個界限阻塞的時候，會引起頭痛、視覺的問題、鼻竇炎、牙痛與頜骨痛。可能會感到頭頂與頸部有很大的壓力。他相信自己對心靈層面已經全都看了一遍，於是不再邁步向前，以為自己已經獲得必須接收的東西，拒絕任何新的研究，把自己藏在帶有哲學性的思想背後。以下的方法有助於克服這個界限：

──在有關心靈、個人發展與培養通盤視野的知識領域，進行多方面的進修。

──不要認為只經過一次進修，就獲得「必須的知識」，就什麼都知道了。唯有藉由不同的研究角度，多方面的觀點與視野，才能幫忙打開自我，找出道路。

──擺脫對認可的需要。

——重視具有創造性的活動與內心的價值。

——要把感受喜悅與樂趣的能力表現出來。

——認清自己的偏見與評論。

賽巴斯強，1961年11月20日出生，在跨國公司擔任電腦工程師與顧問。他的五角星很有趣：第三型變到第四型，帶有1-6張力、2-10心靈界限，而且，三個數字1。一看到他的五角星，我們就知道這個命運會遇上各種挑戰。

1990年我認識了賽巴斯強。當時他正處在混亂的感情狀態中，他說自己愛上兩個女人，但無法從中做出選擇，甚至一點也不想定下來。他振振有辭，說自己只在乎兩件事：他的事業與自由。

由於他的五角星引起我的興趣——當時我對五星能量術的了解比不上目前的程度——我開始仔細觀察他。

關於心靈方面的討論，不論是直接、間接，他一概拒絕，更甚者，一旦有人碰觸到這個主題，他會表現出輕蔑的態度，冷嘲熱諷，可以說他在評論或貶低談論這個問題的人時，獲得不少樂趣。我得說他的態度讓我生氣。在那個年代，要討論有關另類知識的主題，必須非常謹慎。

有一次我說，有些人不能接受世上存有智力無法解釋的事物，在我看來，他們就是缺乏智慧。我可以感覺到這個意見讓賽巴斯強很不自在，他受不了有人質疑他的「智慧」。

同一時期，我對芳香療法的研究越來越深入，我喜歡把這些大自然的奇蹟，應用在身旁讓我覺得「頭腦僵硬」，凡事抱持懷疑態度的人身上。我高興看見有越來越多的人被精油吸引。那可是1990年，芳香療法還沒有那麼大眾化。

有一天，賽巴斯強問我有沒有什麼「油」可以用，因為他常常頭痛——2-10界限常有的毛痛，而且讓三個數字1變得更厲害。我想他應該是真的很痛，才會問我；不過他還加上一句，因為他吃的藥會讓胃燒痛。

芳香療法通常會建議胡椒薄荷治頭痛。不過我想做更多的嘗試，加入比較多「心靈」的、「能量」的效果……。

我建議賽巴斯強每天早上洗完澡後，抹一滴檀香在第三隻眼，另外一滴擦在

頂輪。然後把眼睛閉上，靜靜地坐著──當然我沒有提到冥想。我讓精油去下工夫。

同時我還給了他一瓶芳香白珠和一瓶真正薰衣草。當症狀出現的時候，他可以按摩自己的太陽穴、後頸與前額。他必須連續四十天，每天用檀香重複相同的動作。老實說，我不太相信他會照我的話去做。我對他說，我覺得這個對他大概沒效，況且他也不信這檔子事……，還說我想他只是要證明我做的這些全都沒什麼價值──當時，芳療於我還停留在消遣的階段，不過我也承認自己的反應缺乏成熟的情緒。

三個星期後，我在街上偶遇賽巴斯強。他一定要找我喝杯茶。他先告訴我，他的頭不痛了──這並不讓我驚訝，因為我清楚精油的功效。不過精采的是，我從他說話當中，發現他開始對自己產生疑問。他說，長久以來他都是以自己的態度制定「自動目標」（auto-goals），但是他開始意識到自己的傲慢，尤其是他缺乏喜悅與輕鬆的態度……；他還覺得自我太膨脹，實在是應該好好修煉。他問我可以怎麼做？

藉由這個經驗我想傳達的是，當2-10界限的五角星主人能克服一直以來對智力的注意力時，通常能展現出很特殊的直覺，而且只要打開一點心靈，就足以獲得很大的啟示，就能進化；也就是說啟動心靈的表現比較快。不過，這麼容易有時也會產生反效果，因為接下來他會相信自己已經全都懂了……。

芳香療法

具有2-10界限的五角星主人

真正薰衣草（學名：*Lavandula angustifolia*）精油在「能量與心理─情緒」方面的特性

　　──放鬆，並對抗壓力。

　　──緩和太陽神經叢，活化頂輪。

　　──有助於緩和過度運作的頭腦。

　　──減輕不斷想著全部包攬的念頭。

墨西哥沉香（學名：*Bursera penicillata*）精油在「能量與心理—情緒」方面的特性

    ——學會說「不」。

    ——學會託付。

    ——把能量帶入心輪。

    ——使人變得溫和，將溫情帶給自己與別人。

    ——有助於通過直覺理解，變得比較感性。

檀香（學名：*Santalum album*）精油在「能量與心理—情緒」方面的特性

    ——有助於打開心靈。

    ——有助於從正確的角度看待自己，為自己帶來平靜。

    ——學會放手。

    ——放鬆僵化的頭腦，轉換講求理性的心靈。

    ——有助於接受事物本來的樣貌。

芳香白珠（學名：*Gaultheria fragrantissima*）精油在「能量與心理—情緒」方面的特性

    ——擺脫對智能持續運作的需求。

    ——對第三隻眼起作用。

    ——淨化心智體，使它煥然一新。

第六篇

附錄

遇見不同類型的人
五角星彼此間的關係

遇見不同類型的人

生命是持續的進化與學習，根據我們的意識與潛意識、做出來的決定與選擇，可以引導命運走上不同的道路。在這個過程當中，周圍的人扮演了重要的角色。每一個相遇、每一段關係，都會影響我們的路徑，加強生命的某些角度與層面。

每一個嶄新的相遇，都是宇宙間的一個巧合，了解它的訊息是件有趣的事。我們之間的相遇訴求的是進化，重新審視生命中的某些面向。

遇上第二型的人

這場相遇是檢驗與分析思想模式的機會。必須探索什麼是想法、評估、見解與評論等的根源。另一方面，遇上第二型的人也可以代表自己生出了某些懷疑：

——我的思考方式是否受到承認？

——我是否注重自己的名聲？

——別人的眼光在我的生命中有什麼重要性？

——我的疑慮是什麼？

——我是否偶爾會遭到排斥？

——我周圍的人是否考慮到我心靈與思考上的需求？

——我在與人接觸的時候，是以開放的態度，還是帶著不信任與懷疑的態度？

——我有沒有把身為女人這一點表現出來？

——身為男人，我用什麼方式與女性接觸？

*譯註：摩洛哥作家

這些問題和審視、探查我們的智力與心靈態度有關。遇到第二型的人是要我們打開心靈，和自己的評估與判斷保持適當的距離，重新審視自己的思考過程。第二型能帶領我們深入自己的想法，從中得出新的結論。

遇上第三型的人

這場相遇強迫我們看一看，是否正走在自己的道路上，還是局限在約束之下行動。

——有沒有可能在那些讓我不舒服的事實面前，我閉上了眼睛？

——我以開放還是退縮的態度溝通？

——我讓周圍的人參與我的生命，還是傾向把自己的需求與渴望藏起來？

——我有沒有隱藏自己的憂慮與恐懼？

——我有沒有掩飾自己的怒氣、激動與沮喪？

——我知道如何表現出熱情，還是面對事物時我始終保持距離、注重實際？

第三型給了我們打開自己的機會，讓我們以坦率、無須猶豫的態度使用語言，把注意力放在最重要的事情上。這場相遇還召喚我們敢於做出不尋常的事，積極看待事物，把我們從束縛中解放出來，推開限制。第三型幫助我們發展出更多的勇氣，同時產生對冒險的興趣。不要執著，帶著更純真與輕鬆的態度面對生命，同時也要以更多的野心與熱情繼續我們的道路。

遇上第四型的人

這是審視我們的價值觀與生活環境的機會。第四型提醒我們時間與空間是有限制的。這場相遇通常宣布上一個階段已經結束，要開展另一個新旅程。

——目前的生活是否令我滿意？

——我有沒有足夠的時間留給自己，還是時間本身就是「壓力」？

—— 我是否表現出「真實的」面貌，還是我害怕如果讓別人明白自己的情況，就會失去愛與認可？

——我的努力與投入有沒有獲得回報？

——我相信別人的能力，還是一切都得由我操控？

——在我的生命中，眼前是否正是需要安全感與確定感的時刻？

第四型邀請我們辨識自己的限制與價值觀，分析自己眷戀什麼，確定什麼。這一型同時在召喚我們丟開老舊的價值觀，為了建立新階段而打開自我。在這個時候，我們能獲得更客觀、更講究實務的態度，確定我們的空間，意識到我們心靈的根源。

遇上第五型的人

通常代表新的發現與歷險。這場相遇也有可能會改變社會文化方面的立場，重新審視自己在團體或是小組當中，抱持何種態度。

——我是否呼應某些意識形態，但我內心深處並不是真的認同？

——我給予名譽多少重要性？那麼目前的狀況呢？

——我需要哪一種程度的認可？

——我是否嚮往團體生活，但卻很難在自己的小組當中有什麼表現？

遇上第五型的人，通常會在生命中連上新的接觸，為我們的社交圈帶來轉折點。它通常是個預告，要求我們在社會文化的生活中培養新的觀點。也有可能提醒我們，自己渴望更多的認可，讓其他人更看重我們。在遇到第五型的人之後，社交圈有擴大的傾向。

遇上第六型的人

這是思考我們物質條件的機會，同時也能意識到自己在周圍的人當中，占有什麼樣的地位。可能我們會覺得自己的付出，沒有獲得足夠的認可。

——我的付出是否被忽略了、擱到一邊去了？

——目前我從事的活動是否符合我的信念、我的願望？

La pentanalogie miroir du destin

——我怎麼看待位置比我高的人？

——我是否夢想擁有更多的權勢？

——我有沒有實現自己的夢想，或者實現的是我父母的夢想？

——我是否必須常常面對財務上的煩惱？

——物質上的限制是否讓我活得很糟糕？

——我是否認為金錢是必須擁有的「惡」？

這是檢視與分析我們對物質與金錢具有何種信念的機會。這個時候讓我們學到，如何把金錢當成能量來對待，它可以帶來健康與自在。不論是外在或內在，學著接受物質輕鬆的一面。要相信每個人都可以擁有富足。

遇上第七型的人

這是反省日常實務與習慣，以及探索生命意義的機會。

——什麼東西能真的給我力量？

——我存在的意義是什麼？

——我所進行的實務中，有哪一項因為實際經驗不符合學過的理論，所以必須改變？

——哪些情況帶給我喜悅，哪些讓我悲傷？

——為了掩飾不舒服的感受，我會對自己和別人編出什麼樣的故事？

我們能在這個機會中，思考自己想在世上扮演什麼角色，辨識我們的專一性，發展特殊的才能。它召喚我們開始行動，不要只是發展理論，而不實做求經驗。同時還能揭開真相的面紗，不用再隱藏真實的面貌。

遇上第八型的人

可能會啟動以下的問題。

——我是否因為害怕孤立與被排斥而逃避衝突？

——友誼在我的生命中具有何種價值？

——我是否刻意培養某些友誼，因為我期待能從這些關係中獲得某些好處？

——我怎麼看自己？

——我怎麼評估自己與生活伴侶之間的親密關係？

——我希望取悅哪個人？

——我認為自己的體格如何？

——我受影響的程度如何？

——對和諧的需求是否一直縈繞在我心裡？

它召喚我們審視對愛情的信念。是否因為追求和諧所製造出的期待，反而滋養了更多的恨、衝突、怒氣……。要我們學著坦白，清楚表達自己的願望、情緒與感情。學著愛自己、尊重自己。

遇上第九型的人

這是對既存知識進行深入研究與掌握的機會。它通常是改變生命的預兆。第九型等於命運之路上的重大轉變與更新。

——在我的生命中，我嚮往哪一種改變？

——目前我可以為生命帶來哪一種更新？

——我曾經把哪些能力隱藏起來，但現在我渴望施展這些能力？

——哪些是生命的新展望？

通常這是我們準備好要改變的時刻，甚至沒有期待這些改變會來自外界。遇上第九型的人，是充分了解過去以進入新階段的機會。它召喚我們從經驗中汲取教訓，在思考上更有自主性；邀請我們克服疑慮與不信任，打開心胸迎接新事物。不過要達到這一點，首先我們得面對過去，進行能量的轉換。

遇上第十型的人

這是重新觀察生命中每個面向的機會，尤其是我們面對人類的態度。

——我是否仍然會對父親產生某種害怕與不安？

——我有沒有意識到自己的權勢？

——我和權勢之間的關係為何？

——我是否有質疑一切的傾向？

——我是否常常處在自認為沒有出路的狀況？

——我是否為了隱藏自己的問題，而把注意力放在別人的痛苦上？

這是獲得通盤視野的時刻，要學著活在當下，是進化與成長的時刻。它召喚我們要更有動力，要發展自我，擺脫受害者的姿態，意識到我們在面對命運時的責任。

五角星彼此間的關係

　　我們在家庭、朋友之間與職場上的種種人際關係,對於我們的進化具有決定性的力量。有些關係很舒服、平靜又和諧,有一些則帶來緊張與衝突。原則上,和我們的五角星呈對立面的星型,能在彼此的關係中表現出長久的豐富性,因為他們能幫助我們成長、進化,打開我們的心胸與心靈,讓我們學會理解、同情與包容。

　　和諧的關係是愉快的,但也能帶來懶散與隨波逐流,因為我們處在舒服的區域,沒有多少限制需要克服。另一方面,其他人最讓我們困擾的表現,通常也會在我們的心中引起某些共鳴。

　　接下來的表格,概略呈現不同的星型之間,可能會有的互動。當然,要列出所有互動的狀況是不可能的。

第二型

在第二型的眼中（鏡子）
- 有創造力
- 有自信
- 有動力
- 聰明
- 思考型
- 猶豫不決
- 不明確
- 膽小
- 有邏輯
- 堅強
- 愛批評
- 有選擇性的
- 不講條件
- 悲觀
- 易怒
- 以自我為中心

在第三型的眼中
- 有創造力
- 聰明
- 思考型
- 熱情
- 獨立
- 個人主義
- 領袖
- 精明
- 愛批評
- 複雜
- 沉悶
- 具有破壞性
- 理論派
- 占有欲強
- 嫉妒
- 帶著輕蔑
- 總要下結論
- 苛刻

在第四型的眼中
- 靈感豐富
- 有創造力
- 有動力
- 熱情
- 獨立
- 個人主義
- 良好的整合能力
- 有邏輯
- 清楚
- 中肯
- 坦率
- 缺乏聆聽的能力
- 很難看出自己的弱點
- 頑固
- 基本教義派
- 氣量狹小
- 不講條件
- 要求很高
- 有選擇性的
- 理論派
- 不圓滑
- 複雜
- 對人不寬容
- 自私
- 嫉妒
- 脆弱

在第五型的眼中
- 愛動腦
- 清楚
- 有理念
- 思考型
- 口齒清晰
- 要求很高
- 有動力
- 有邏輯
- 愛分析
- 理論派
- 不敏感
- 缺乏聆聽的能力
- 常常覺得無聊
- 統領一切
- 苛刻
- 不講條件
- 咄咄逼人
- 看不出自己的弱點
- 缺乏同理心
- 愛記仇
- 固執
- 愛報復

在第六型的眼中
- 熱情
- 獨立
- 要求很高
- 固執
- 異想天開
- 苛刻
- 缺乏實際的想法
- 不實際的理論派
- 不講條件
- 缺乏包容力
- 易怒
- 悲觀
- 冷嘲熱諷
- 占有欲強
- 嫉妒
- 複雜
- 什麼都嫌
- 愛批評
- 自私
- 什麼都要管
- 疑東疑西

在第七型的眼中
- 熱情
- 有動力
- 有創造力、靈感豐富
- 領袖
- 思考型
- 有勇氣
- 頑固
- 不實際的理論派
- 獨立
- 綜合的
- 咄咄逼人
- 膚淺
- 缺乏同理心
- 愛批評
- 占有欲強
- 不讓步
- 很難對付
- 沉悶
- 不講條件
- 沒有勇氣
- 疑東疑西

在第八型的眼中
- 愛動腦
- 明確
- 有條有理
- 坦率
- 講道理
- 有創造力
- 聰明
- 靈感豐富
- 有動力
- 有邏輯
- 熱情
- 領袖
- 愛嘲笑
- 不合群
- 有稜有角
- 不通情理
- 愛批評
- 缺乏同理心
- 不講條件
- 冷嘲熱諷
- 脆弱
- 疑東疑西

在第九型的眼中
- 有自信
- 熱情
- 不講條件
- 獨立
- 不讓步
- 理論派
- 有條不紊
- 統領一切
- 易怒
- 不聽別人說話
- 冷嘲熱諷
- 死硬派
- 不通情理
- 沒有彈性
- 愛批評
- 愛報復
- 占有欲強
- 死守自己的思考模式
- 智力活動能給他留下印象
- 貶低自己不了解的人
- 總要為自己辯護
- 沒有勇氣
- 焦慮

在第十型的眼中
- 思考型
- 愛分析
- 不講條件
- 猶豫不決
- 精明
- 有條理
- 統領一切
- 有理念
- 有責任感
- 喜歡掌控
- 很難理解
- 不知道自己的弱點
- 易怒
- 愛記仇
- 頑固
- 死板
- 難對付
- 容易感到無聊
- 膚淺
- 膽小
- 苛刻
- 疑東疑西

第二型

在第二型的眼中	在第三型的眼中	在第四型的眼中	在第五型的眼中	在第六型的眼中	在第七型的眼中	在第八型的眼中	在第九型的眼中	在第十型的眼中
擅於溝通	相處容易	快樂、機靈	表達力強	快樂、機靈	輕盈	能說善道	擅於溝通	天真
輕盈	擅於溝通	擅於溝通	快樂	感情豐富	輕鬆	擅於溝通	輕盈	機靈、快樂
慷慨	輕鬆	自動自發	機靈	擅於溝通	快樂	輕鬆	開放	表達力強
有彈性	親切	天真	熱情	熱情	興致勃勃	有趣	熱情	感情豐富
表達力強	快樂	熱情	擅於溝通	衝動	表達力強	熱情	開心果	有趣
獨特	鏡子效應	興致勃勃	純真	開心果	獨特	主動	機靈	輕盈
靈感豐富	表達力強	輕鬆	慷慨	興致勃勃	擅於溝通	話多	沒有條理	興致勃勃
輕率	熱情	有彈性	輕鬆	愛慕虛榮	有動力	感情豐富	浪費	開心果
不邏輯	機靈	沒有條理	天真	不邏輯	膚淺	勇敢	不含蓄	輕鬆
話太多	衝動	沒有組織能力	心胸開闊	話多	難以捉摸	有侵略性	一目了然	話多
漫不經心	勇敢	話多	主動	易怒	不敏感	冷嘲熱諷	幼稚	沒有條理
有侵略性	興致勃勃	衝動	開心果	蠻橫無禮	衝動	重權勢	不通情理	衝動
沒有條理	心胸開闊	急	興致勃勃	沒有組織能力	傲慢	苛刻	頑固	沒耐心
見風轉舵	迷人	輕率	友善	缺乏聆聽的能力	話多	什麼都要管	不聽別人說話	有侵略性
唯利是圖	不聽別人說話	反應過快	迷人	個人主義	有侵略性	不通情理	衝動	什麼都要管
愛慕虛榮	什麼都要管	做事前不考慮	沒耐心	固執	什麼都要管	愛批評	蠻橫無禮	專制
傲慢	頑固	傲慢	傲慢	有侵略性	重權勢	沒耐心	毫無顧忌	要求很高
做作	要求很高	不邏輯	反應過快	總要下結論	沒耐心	反應過快	做作	反應過快
以自我為中心	統領一切	不服從命令	要求很高		自視甚高	愛生氣	自私	愛慕虛榮
缺乏聆聽的能力	死硬派	愛睹氣	愛挑剔		滿腦子優越感	愛睹氣		自私
自說自話	難對付	幼稚	見風轉舵		要求很高	蠻橫無禮		
統領一切	唯利是圖	反對派	做作		頑固	我行我素		
難對付		不聽話	不聽別人說話			傲慢		
		不認命	缺乏包容			滿腦子優越感		
		固執	頑固					
		浪費						

La pentanalogie miroir du destin

第四型

在第二型的眼中	在第三型的眼中	在第四型的眼中	在第五型的眼中	在第六型的眼中	在第七型的眼中	在第八型的眼中	在第九型的眼中	在第十型的眼中
有責任感	有謀略	有責任感	認真	有責任感	有野心	有責任感	有責任感	有紀律
細心	講究方法	有恆心	有紀律	小心翼翼	清楚	實際	可靠	可靠
恭敬	有效率	意志堅強	有責任感	有效率	有責任感	有效率	忠實	果斷
認真	有責任感	講究方法	有恆心	意志堅強	完美主義者	有條理	清楚	意志堅強
有紀律	認真	擅於處理事務	工作勤奮	可以信賴的人	具體	講究方法	謹慎	標準很高
有恆心	有恆心	可靠	果斷	具體	重實效	有謀略	忠心	完美主義者
意志堅強	誠實	忠心	有條理	實際	實際	有遠見	有條理	頑固
擅於處理事務	意志堅強	誠實	講究方法	有邏輯	專注	給人可靠的感覺	有謀略	愛說教
果斷	一絲不苟	正直	給人安全感	誠實	缺乏情趣	保護心強	猜得出來的	一絲不苟
有條理	工作勤奮	有警覺性	忠實	忠實	一絲不苟	忠實	不夠大膽	沒耐心
講求方法	嚴肅	實在	正直	正直	注重物質享受	光明磊落	一絲不苟	忠心
忠實	保護心強	猜得出來	實在	有警覺性	佔有慾強	愛說教	佔有慾強	缺乏情趣
正直	倚老賣老	有野心	恭敬	容易驚慌	黏人	沒耐心	嫉妒	注重規距
追求物質享受	注重工作的完美	緊張	保護心強	黏人	心胸狹窄	完美主義	過度要求安全感	為細節煩惱
有野心	標準很高	壓力重	倚老賣老	注重規距	要求安全感	注重物質享受	注重規距	大注重細節
要求很高	緊張、神經質	標準很高	什麼都要管	完美主義者	注重原則	一絲不苟	需要安全感	缺乏通盤的眼光
節儉	要求安全感	難對付	有野心	為細節煩惱	倚老賣老	心胸狹窄	容易驚慌	專制
緊張	完美主義者	死硬派	標準很高	忠心	容易起衝突	需要安全感	容易被激怒	
緊繃	為細節煩惱	完美主義者	注重規距	緊繃	難對付	要求原則	壞脾氣	
重規距		大有責任感	要求安全感	緊張	容易被激怒	倚老賣老	缺乏情趣	
要求安全感		頑固	為細節煩惱	容易被激怒	小氣	容易起衝突	憂心忡忡	
為細節煩惱		嚴肅	佔有慾強	容易生氣		難對付	小氣	
什麼都要管			嫉妒			容易生氣		
佔有慾強			容易被激怒			容易被激怒		
嫉妒			貪心			小氣		
容易被激怒								

第五型

在第二型的眼中	在第三型的眼中	在第四型的眼中	在第五型的眼中	在第六型的眼中	在第七型的眼中	在第八型的眼中	在第九型的眼中	在第十型的眼中
有魅力	有魅力	有魅力	有魅力	有魅力	外向	有魅力	熱情	自動自發
合群	合群	有動力	合群	有活力	擅於溝通	擅於誘惑他人	有同理心	一觸即發
討人喜歡	討人喜歡	興致勃勃	慷慨	享樂至上	感情豐富	喜歡吸引他人的注意	合群	熱情
興致勃勃	自動自發	熱情	討人喜歡	好吃	合群	慷慨	大膽	合群
勇敢	喜歡挑戰	胃口好	樂於助人	異想天開	感情外露	合群	願意聆聽	誇大
有活力	喜歡與已知的歷險與新奇的事物	享樂至上	自動自發	有動力	自動自發	討人喜歡	自動自發	過度需求認可
喜歡挑戰	擅於溝通	感性	勇敢	感性	沒耐心	勇敢	喜歡挑戰	統領一切
喜歡與已知的歷險與新奇的事物	享樂至上	喜歡吸引他人的注意	喜歡歷險與感奇的事物	無憂無慮	膚淺	自動自發	喜歡歷險	有侵略性
擅於擺布他人	胃口很好	輕率	容易動腦感	自動自發	話多	樂於助人	好奇	追求物質享受
感情外露的	興致勃勃	沒耐心	好商量的	感情外露	說謊成癖	有理念	心胸開闊	占有慾強
輕率	勇敢	喜歡挑戰	過度敏感	合群	有侵略性	喜歡挑戰	有活力	嫉妒
沒耐心	有活力	容易感到無聊	矜持	擅於擺布他人	過度需求認可	喜歡新發現	領袖	不尊重別人的隱私
一觸即發	有動力	一觸即發	樂天	不邏輯	擅於擺布他人	喜歡驚喜	有魅力	輕率
有侵略性	有理念	說謊成癖	興致勃勃	輕率	感情方面很獨立	心胸開闊	覺得自己是受害者	捉摸不定
情緒氾濫	感情外露	情緒氾濫	有動力	沒耐心	需要處在事件的中心	好商量的	總是在訴苦	不穩定
說謊成癖	一觸即發	有侵略性	天生的領袖神氣質	情緒氾濫	誇大	擅於調停	不邏輯	沒耐心
逃避衝突	情緒氾濫	逃避衝突	有理念	喜歡濫情的故事	虛情假意	能體諒別人	有侵略性	缺乏通盤而清楚的眼光
害怕被排斥	害怕被排斥	不會擔負責任	專制	誇大	不會控制情緒	敏感	擅於擺布他人	做作
受挫	受挫	過度需求認可	苛刻	有侵略性		興致勃勃	情緒氾濫	易怒
擅於擺布他人	過度需求認可	擅於擺布他人	有侵略性	受控		熱情	喜歡濫情的故事	愛記仇
過度需求認可	擅於擺布他人	過度敏感	擅於擺布他人	複雜		好奇	統領一切	斤斤計較
不獨立	不獨立	不獨立		不會控制情緒		感情外露	過度需求認可	不承認自己害怕
懷才不遇	喜歡濫情的故事	喜歡濫情的故事				誇大		
覺得自己是受害者		覺得自己是受害者				占有慾強		
						嫉妒		

第八型

在第一型的眼中	在第二型的眼中	在第四型的眼中	在第五型的眼中	在第六型的眼中	在第七型的眼中	在第八型的眼中	在第九型的眼中	在第十型的眼中
有效率	惹人愛	有效率	惹人愛	坦率	有效率	惹人愛	有效率	有效率
坦率	樂於助人	認真	樂於助人	直接	惹人愛	樂於助人	惹人愛	惹人愛
認真	願意聆聽	工作勤奮	依戀家人與朋友	認真	樂於助人	小心翼翼	心胸開闊	樂於助人
有責任感	有責任感	有責任感	能體諒別人	有責任感	坦率	不圓滑	有責任感	具有指揮的能力
注重績效	願意交朋友	講究	注重實務	有野心	認真	有責任感	能體諒他人	注重實務
熱情	熱情	有邏輯	擅於誘惑他人	依戀家人與朋友	能體諒他人	依戀家人與朋友	注重實務	熱情
有邏輯	標準很高	明確	有野心	明確	注重實務	能體諒他人	有邏輯	樂於傳授知識
明確	容易走極端	有野心	寬容	熱情	熱情	擅於誘惑他人	擅於誘惑他人	獨立
有野心	好鬥	注重績效	具有策劃的能力	寬容	寬容	明確	熱情	有野心
有領導能力	保守	樂於傳授知識	樂於傳授知識	獨立	具有策劃的能力	寬容	具有策劃能力	投機分子
擅於談判	固執	具有策劃的能力	獨立	標準很高	好鬥	擅於調停	獨立	標準很高
精明	頑強	標準很高	缺乏老練的手法	固執	有野心	有野心	有野心	缺乏老練的手法
寬容	害怕缺少什麼	走極端	擅於擺布他人	頑強	樂於傳授知識	樂於傳授知識	保守	保守
標準很高	擅於談判	具有指揮的能力	害怕缺少什麼	多疑	固執	獨立	頑強	固執
保守	有野心	革命性	走極端	需要掌握局面	頑強	標準很高	害怕缺少什麼	頑強
獨立	需要掌控局面	擅於擺布他人	需要掌握局面	需求權勢	需要掌握權勢	缺乏老練的手法	走極端	害怕缺少什麼
很自由	嫉妒	固執	需求權勢	注重物質享受	需求權勢	保守	擅於煽動他人	需要掌握權勢
享樂至上	追求物質享受	頑強	注重物質享受	虛偽	注重物質享受	物質層面過於膽小	注重新事物與未知的一切	注重權勢
有野心	佔有欲強	害怕缺少什麼	焦慮		佔有欲強	焦慮	對物質層面感到焦慮	嫉妒
不穩定	不坦白	需要掌握局面	多疑		多疑	悲觀	投機分子	佔有欲強
擅於煽動他人	心胸褊狹	需求權勢			焦慮	過於要求安全感	嫉妒	缺乏勇氣
頑固	過度要求安全感	擅於煽動他人				走極端	佔有欲強	缺乏創新
虛偽		多疑				擅於煽動他人	缺乏勇氣	
		過度要求安全感				注重物質享受	害怕新事物與未知的一切	
						嫉妒		
						投機分子		

第七型

在第二型的眼中
- 獨特
- 令人感到驚奇
- 靈感豐富
- 頭腦靈敏
- 神秘
- 有彈性
- 熱情
- 個人主義
- 獨立
- 很難掌握
- 低調
- 有祕密
- 矛盾
- 要求很多
- 受挫
- 鬱鬱寡歡
- 懷舊
- 愛賭氣
- 易怒
- 缺乏喜悅
- 愛挑剔
- 沉默寡言
- 愛記仇
- 自己騙自己
- 多疑
- 可以很健談，但絕對不談到自己
- 喜歡冒險

在第三型的眼中
- 獨特
- 靈感豐富
- 頭腦靈敏
- 神秘
- 有彈性
- 熱情
- 個人主義
- 獨立
- 獨行俠
- 很難掌握
- 有祕密
- 喜歡冒險
- 矛盾
- 反對派
- 煩躁
- 逆來順受
- 懷舊
- 易怒
- 多疑
- 懷疑論者
- 尖刻
- 愛挑剔
- 完美主義
- 自己騙自己
- 不邏輯
- 自戀
- 異想天開

在第四型的眼中
- 獨特
- 令人感到驚奇
- 頭腦靈敏
- 注重環保
- 捉摸不定
- 個人主義
- 獨立
- 很難掌握
- 有祕密
- 矛盾
- 反對派
- 忿忿不平
- 要求很多
- 煩躁
- 沒有條理
- 懷舊
- 易怒
- 多疑
- 懷疑論者
- 愛挑剔
- 愛記仇
- 自己騙自己
- 不邏輯
- 痛苦的人
- 自戀
- 謊話連篇
- 異想天開

在第五型的眼中
- 才智橫溢
- 神秘
- 捉摸不定
- 個人主義
- 獨行俠
- 獨立
- 有祕密
- 穩重
- 矛盾
- 反社會
- 鬱鬱寡歡
- 懷舊
- 愛賭氣
- 多疑
- 懷疑論者
- 過度要求安全感
- 缺乏喜悅
- 尖刻
- 以自我為中心
- 愛挑剔
- 沉默寡言
- 易怒
- 愛記仇
- 自戀
- 見風轉舵

在第六型的眼中
- 獨特
- 具有進化能力
- 才智橫溢
- 頭腦靈敏
- 愛動腦
- 注重環保
- 捉摸不定
- 個人主義
- 當有哲學氣息
- 獨立
- 很難掌握
- 樸素
- 矛盾
- 要求很多
- 煩躁
- 沒有條理
- 懷舊
- 易怒
- 多疑
- 懷疑論者
- 愛挑剔
- 愛記仇
- 自己騙自己
- 不邏輯
- 痛苦
- 謊話連篇
- 異想天開

在第七型的眼中
- 具有進化能力
- 有創造力
- 才智橫溢
- 有彈性
- 熱情
- 個人主義
- 獨立
- 反對派
- 勇敢
- 不妥協
- 靈感豐富
- 自責很強
- 莽撞
- 非常喜歡冒險
- 矛盾
- 受挫
- 煩躁
- 逆來順受
- 鬱鬱寡歡
- 懷舊
- 懷才不遇
- 尖刻
- 愛挑剔
- 完美主義
- 不現實
- 標準很高

在第八型的眼中
- 令人驚奇
- 靈感豐富
- 有創造力
- 才智橫溢
- 神秘
- 有彈性
- 熱情
- 注重環保
- 捉摸不定
- 實際
- 個人主義
- 獨行俠
- 獨立
- 很難掌握
- 有祕密
- 穩重、樸素
- 矛盾
- 反對派
- 反社會
- 鬱鬱寡歡
- 懷舊
- 愛賭氣
- 多疑、易怒
- 缺乏喜悅
- 尖刻、愛挑剔
- 以自我為中心
- 沉默寡言
- 愛記仇
- 自戀
- 見風轉舵
- 說話成癖

在第九型的眼中
- 獨立
- 有創造力
- 才智橫溢
- 神秘
- 求知欲旺盛
- 有彈性
- 熱情
- 注重環保
- 個人主義
- 當有哲學氣息
- 獨行俠、獨立
- 有祕密
- 穩重
- 喜歡冒險
- 忿忿不平
- 要求很多
- 煩躁
- 沒有條理
- 優柔寡斷
- 受挫
- 離不開安全感
- 鬱鬱寡歡
- 懷舊
- 愛賭氣
- 易怒、多疑
- 懷疑論者
- 以自我為中心
- 自己騙自己
- 痛苦
- 見風轉舵
- 異想天開

在第十型的眼中
- 具有進化能力
- 靈感豐富
- 有創造力
- 才智橫溢
- 愛動腦
- 神秘
- 求知欲旺盛
- 熱情
- 實際
- 個人主義
- 當有哲學氣息
- 獨立
- 有祕密
- 喜歡冒險
- 反對派
- 反社會
- 優柔寡斷
- 受挫
- 逆來順受
- 離不開安全感
- 鬱鬱寡歡
- 懷舊
- 易怒
- 懷才不遇
- 尖刻
- 愛挑剔
- 完美主義
- 愛記仇
- 自戀
- 見風轉舵

La pentanalogie miroir du destin

第八型

在第一型的眼中
- 具有審美觀
- 誘人的
- 擅於調停
- 懷慨
- 敏銳細緻
- 殷勤
- 忠實
- 討人喜歡
- 願意妥協
- 樂善好施
- 好商量的
- 擅於誘惑他人
- 喜歡奢華美麗的事物
- 易怒
- 愛批評
- 逃避衝突
- 古有慾強
- 馬屁精
- 虛偽
- 脆弱
- 異想天開
- 百般討好
- 會為自己辯解
- 很難接受事物
- 本來的樣貌
- 自以為是
- 嫉妒
- 容易驚慌
- 不讓步

在第二型的眼中
- 具有審美觀
- 浪漫
- 會說好聽的話
- 優雅
- 友善
- 有創造力
- 標準很高
- 易怒
- 複雜
- 以自我為中心
- 百般討好
- 多疑
- 什麼都嫌
- 嫉妒
- 脆弱
- 異想天開
- 會為自己辯解
- 期待過多
- 過分注重品質
- 很難接受事物
- 本來的樣貌
- 自以為是
- 嫉妒
- 愛羨慕他人
- 容易驚慌
- 不讓步

在第四型的眼中
- 具有審美觀
- 正直
- 誘人
- 優雅
- 擅於調停
- 誠實
- 忠實
- 有人性
- 好商量的
- 有創造力
- 標準很高
- 喜歡奢華美麗的事物
- 易怒
- 複雜
- 以自我為中心
- 見風轉舵
- 愛批評
- 什麼都嫌
- 懶情
- 嫉妒
- 脆弱
- 異想天開
- 百般討好
- 會為自己辯解
- 期待過多
- 很難接受事物
- 本來的樣貌
- 容易驚慌
- 不讓步

在第五型的眼中
- 正直
- 敏感
- 浪漫
- 溫柔
- 會說好聽的話
- 懷慨
- 敏銳細緻
- 快活
- 迷人
- 友善
- 殷勤
- 很有吸引力
- 合群
- 散發美與和諧
- 願意妥協
- 擅於調停
- 完美主義
- 理想主義
- 渴望建立和平
- 易怒
- 缺乏自信
- 古有慾強
- 脆弱
- 異想天開
- 過度注重品質
- 嫉妒
- 愛羨慕
- 容易驚慌
- 不讓步

在第六型的眼中
- 具有審美觀
- 正直
- 溫柔
- 會說好聽的話
- 擅於調停
- 懷慨
- 敏銳細緻
- 誠實
- 友善
- 有吸引力
- 忠實
- 合群
- 散發美與和諧
- 好商量的
- 有創造力
- 標準很高
- 喜歡奢華
- 擅於誘惑他人
- 易怒
- 什麼都嫌
- 逃避衝突
- 古有慾強
- 嫉妒
- 脆弱
- 異想天開
- 期待過多
- 很難接受事物
- 本來的樣貌
- 容易驚慌
- 不讓步

在第七型的眼中
- 具有審美觀
- 敏感、細膩
- 誘人
- 優雅
- 擅於調停
- 敏銳細緻
- 能體諒他人
- 殷勤
- 有吸引力
- 正直
- 合群
- 散發美與和諧
- 願意妥協
- 樂善好施
- 好商量的
- 設想周到
- 有創造力
- 標準很高
- 理想主義
- 喜歡誘惑他人
- 易怒、複雜
- 以自我為中心
- 多疑
- 什麼都嫌
- 古有慾強
- 馬屁精
- 虛偽
- 脆弱
- 異想天開
- 嫉妒
- 容易驚慌

在第八型的眼中
- 具有審美觀
- 正直
- 浪漫
- 溫柔
- 會說好聽的話
- 優雅
- 懷慨
- 能體諒他人
- 誠實
- 迷人
- 殷勤
- 有吸引力
- 合群
- 散發美與和諧
- 願意妥協
- 隨和
- 惹人憐憫
- 完美主義
- 理想主義
- 渴望建立和平
- 易怒
- 古有慾強
- 脆弱
- 百般討好
- 期待過多
- 過度注重品質
- 很難接受事物
- 本來的樣貌

在第九型的眼中
- 具有審美觀
- 正直
- 敏感
- 細膩
- 浪漫
- 會說好聽的話
- 懷慨
- 友善
- 有吸引力
- 散發美與和諧
- 願意妥協
- 好商量的
- 讓人放心
- 有創造力
- 擅於調停
- 完美主義
- 喜歡誘惑他人
- 利他主義
- 愛挑剔
- 易怒
- 複雜
- 以自我為中心
- 缺乏自信
- 百般討好
- 古有慾強
- 嫉妒
- 異想天開
- 會為自己辯解
- 自以為是
- 容易驚慌
- 不讓步

在第十型的眼中
- 具有審美觀
- 敏感
- 浪漫
- 溫柔
- 會說好聽的話
- 擅於調停
- 懷慨
- 敏銳細緻
- 迷人
- 友善
- 有吸引力
- 合群
- 散發美與和諧
- 有人性
- 隨和
- 惹人憐憫
- 完美主義
- 易怒
- 缺乏自信
- 什麼都嫌
- 古有慾強
- 嫉妒
- 脆弱
- 異想天開
- 過度注重品質
- 愛羨慕
- 容易驚慌
- 不讓步
- 什麼都要看、都要記在心裡

第九型

在第一型的眼中
- 獨特
- 有學問
- 靈巧
- 心胸開闊
- 循循善誘
- 良好的整合能力
- 前衛
- 好奇
- 讓人驚奇
- 古怪
- 具有前瞻性
- 獨立
- 具有革新的能力
- 怪咖
- 不清楚
- 可疑
- 很難改變他的想法
- 騙子
- 多疑
- 不明確
- 陰鬱
- 愛批評
- 煩躁
- 容易激動、興奮
- 膚淺、痛苦
- 軟弱
- 不穩定

在第二型的眼中
- 獨特
- 靈感豐富
- 精明
- 很有生命力
- 愛動腦
- 前衛
- 奇怪
- 不按牌理出牌
- 具有前瞻性
- 個人主義
- 具有革新的能力
- 有創造力
- 靈巧
- 很難讓人理解
- 可疑
- 多疑
- 不明確
- 陰鬱
- 愛批評
- 煩躁
- 容易激動、興奮
- 膚淺、痛苦
- 軟弱
- 不穩定

在第四型的眼中
- 獨特
- 有學問
- 喜歡冒險
- 精明
- 具有整合的能力
- 前衛
- 好奇
- 不斷尋找改變與刺激
- 奇怪、古怪
- 具有前瞻性
- 具有革新的能力
- 怪咖
- 很難讓人理解
- 怪誕
- 軟弱
- 可疑
- 多疑
- 很難改變他的想法
- 陰鬱、煩躁
- 愛批評
- 沒有彈性
- 沒有條理
- 容易激動、興奮
- 膚淺、痛苦
- 緊張、軟弱
- 不穩定
- 缺乏承諾

在第五型的眼中
- 獨特
- 靈感豐富
- 精明
- 很有生命力
- 靈活
- 前衛
- 好奇
- 令人驚奇
- 不按牌理出牌
- 捉摸不定
- 有前瞻性
- 個人主義
- 具有革新的能力
- 怪咖
- 傲氣十足
- 很難改變他的想法
- 騙子
- 陰鬱
- 愛批評
- 沒有彈性
- 煩躁
- 沒有條理
- 容易激動、興奮
- 痛苦
- 軟弱
- 多疑

在第六型的眼中
- 獨特
- 有學問
- 喜歡冒險
- 靈巧
- 出色
- 循循善誘
- 良好的整合能力
- 前衛
- 令人驚奇
- 古怪
- 具有前瞻性
- 獨立
- 具有革新的能力
- 軟弱
- 可疑
- 不明確
- 陰鬱
- 愛批評
- 沒有彈性
- 煩躁
- 容易激動、興奮
- 痛苦
- 緊張
- 不穩定
- 多疑

在第七型的眼中
- 令人無法抗拒
- 靈感豐富
- 精明、前衛
- 很有生命力
- 心胸開闊
- 循循善誘
- 好奇、古怪
- 具有前瞻性
- 獨立
- 具有革新的能力
- 喜歡冒險
- 受不了一成不變
- 冷淡
- 不遵守規定好的限制
- 捉摸不定
- 善變、荒誕
- 軟弱
- 很難改變他的想法
- 騙子
- 陰鬱
- 愛批評
- 沒有彈性
- 煩躁
- 容易激動、興奮
- 膚淺
- 不穩定

在第八型的眼中
- 令人無法抗拒
- 靈感豐富
- 出色、靈活
- 心胸開闊
- 循循善誘
- 前衛
- 具有前瞻性
- 個人主義
- 不斷需求新事物
- 具有革新的能力
- 有創造力
- 富有想像力
- 捉摸不定
- 過度追求腎上腺素分泌的快感
- 過度敏感
- 鬱鬱寡歡
- 傲氣十足
- 很難改變他的想法
- 騙子
- 不明確
- 陰鬱、愛批評
- 沒有彈性
- 煩躁、痛苦
- 沒有條理
- 容易激動、興奮
- 不穩定

在第九型的眼中
- 令人無法抗拒
- 靈活
- 心胸開闊
- 愛動腦
- 循循善誘
- 良好的整合能力
- 前衛
- 具有前瞻性
- 鬱鬱寡歡
- 懷舊
- 具有革新的能力
- 軟弱
- 缺乏可信度
- 陰鬱
- 愛批評
- 沒有彈性
- 煩躁
- 沒有條理
- 容易激動、興奮
- 痛苦
- 不穩定

在第十型的眼中
- 令人無法抗拒
- 喜歡冒險
- 出色
- 靈活
- 心胸開闊
- 愛動腦
- 循循善誘
- 良好的整合能力
- 前衛
- 令人驚奇
- 不按牌理出牌
- 具有前瞻性
- 獨立
- 具有革新的能力
- 軟弱
- 陰鬱
- 愛批評
- 沒有彈性
- 煩躁
- 沒有條理
- 容易激動、興奮
- 緊張
- 多疑

La pentanalogie miroir du destin

第十型

在第二型的眼中	在第三型的眼中	在第四型的眼中	在第五型的眼中	在第六型的眼中	在第七型的眼中	在第八型的眼中	在第九型的眼中	在第十型的眼中
獨特	獨特	獨特	理想主義	獨特	出乎意料	獨特	有創造力	理想主義
脫離社會秩序	出乎意料	捉摸不定	出乎意料	出乎意料	有創造力	出乎意料	理想主義	直覺很強
有創造力	有創造力	理想主義	有創造力	有創造力	大膽	有創造	大膽	靈感豐富
和別人不一樣	和別人不一樣	和別人不一樣	和別人不一樣	靈感豐富，也能給人靈感	放肆	和別人不一樣	放肆	大膽
大膽	大膽	大膽	大膽	挑釁	小飛俠	大膽	小飛俠	勇敢
不聽別人說話	放肆	不成熟	放肆	誇張	自由	放肆	前衛	放肆
專制	小飛俠	自由	懷舊	說謊成癖	有趣	惹人憐憫	具有前瞻性	有自信
天真	自由	有怪僻	自由	自由	理想主義	自由	見風轉舵	有動力
令人難以理解	有趣	前衛	不現實	有趣	個人主義	有趣	怪咖	具有前瞻性
不成熟	捉摸不定	放肆	專制	不現實	專制	捉摸不定	不現實	純真
不實際	理想主義	純真	不尊重他人	大膽	逃避	理想主義	改變真相	慷慨
不現實	不現實	混亂	易怒	逃避	受不了別人的命令	不現實	缺乏投入的能力	敏感
怪咖	靈感豐富，也能給人靈感	沒有組織能力	天真	易怒	活在自己的世界	伸張正義	複雜	自由
令人生氣	逃避	沒有效率	難以理解	混亂	受到祕術的吸引	易怒	逃避	才智橫溢
沒有效率	敏感	不尊重他人	才智橫溢	活在自己的世界	自戀	個人主義	不知羞恥	自戀
不邏輯	活在自己的世界	易怒	自戀	有自信	有怪僻	反對派	易怒	有怪僻
受不了別人的建議	才智橫溢	活在自己的世界	有怪僻	自戀	放肆	挑剔	活在自己的世界	缺乏聆聽的能力
活在自己的世界	自戀	荒誕	挑釁	有怪僻	缺乏聆聽的能力	拒絕投入心力	自由	專制
自由	有怪僻	才智橫溢	占有欲強	放肆	還沒完全長大	一直要逃避責任	才智橫溢	苛刻
才智橫溢	缺乏聆聽的能力	自戀	缺乏聆聽的能力	不成熟	狂妄自大	不透明	自戀	滿腦子優越感
自戀	還沒完全長大	需求地位與權勢	還沒完全長大	不邏輯	混亂	放肆	以自我為中心	
有怪僻		不邏輯	狂妄自大	遊走社會邊緣		缺乏聆聽的能力	有怪僻	
以自我為中心		不遵守限制、時間與空間		愛辯駁		還沒完全長大	缺乏聆聽的能力	
複雜		狂妄自大		反對派			還沒完全長大	
狂妄自大							有侵略性	

張力	潛力	本質	防衛機制	陷阱	溝通方式	五角星主人最想避免的事	優點	自我的形象	建議使用精油
1-6 實現他的熱情	・學著有耐心、結合本能與智能	・熱情的火 ・無限的可能	・掌控 ・完美主義 ・依附安全感 ・憤怒、煩躁	・偏向智能，而不足心的智慧 ・失去堅持到底的勇氣 ・要求確定性	・充滿熱情 ・有動力 ・興致勃勃 ・煩躁 ・沒有條理 ・沒耐心 ・猶豫不決	・必須在承受壓力的情況下做決定 ・選擇 ・失敗	・全心投入 ・鼓舞他人的能力 ・熱情	・我會成功	・歐白芷根 （Angelica archangelica） ・馬鬱蘭 （Oreganum majorana） ・穗甘松 （Nardostachys jatamansi） ・岩蘭草 （Vetiveria zizanoides）
2-7 發現生命的喜悅	・在實踐與理論之間創造和諧 ・把互為對比的結合在一起 ・了解「健康」的價值	・與大自然的法則連接在一起 ・無條件的至福	・為自己辯解 ・誇大 ・倦怠 ・生病	・不斷擺盪在高估自我與缺乏自信之間	・敏感 ・有教導性質 ・情感豐沛 ・說教	・疾病 ・無法達成周遭期待 ・遭到批評 ・論斷	・直覺 ・敏感度 ・聆聽的能力 ・同理心	・我很幸福	・喜馬拉雅冷杉 （Abies septcabilis） ・加拿大鐵杉 （Tsuga Canadensis） ・黑雲杉 （Picea mariana）
3-8 體驗無條件的愛	・認清事實 ・活在事實中 ・在愛中體驗和諧	・無條件的愛	・說謊 ・美化 ・逃避衝突 ・誘惑 ・假裝	・受挫 ・遭到排斥 ・幻滅	・活力充沛的愉悅 ・創造力 ・吸引他人的能力	・受挫 ・遭到排斥 ・幻滅	・活力充沛的愉悅 ・創造力 ・吸引他人的能力	・我愛	・西洋蓍草 （Achillea millefolium） ・阿米香樹 （Amyris balsamifera） ・檀香 （Santalum album） ・芫荽 （Coriandrum sativum）

La pentanalogie miroir du destin

張力	潛力	本質	防衛機制	陷阱	溝通方式	五角星主人最想避免的事	優點	自我的形象	建議使用精油
4-9 體驗物質上的自由	·為世上覺裕的物質與舒適的感受，提供一己之力 ·克服與金錢有關的狹隘思想	·物質的豐裕與自由	·為自己辯解 ·過度懊慨但事後懊悔 ·不承認被外表沖昏了頭 ·不接受建議	·害怕錯失良機而負責 ·物質生活一直受到限制	·解說 ·訴話 ·謹慎 ·不現實	·害怕匱乏 ·物質上的限制 ·物質上的依賴	·勇氣 ·樂觀 ·信心	·我是優秀的投資人	·豆蔻（Eletteria cardamomum） ·阿米香樹（Amyris balsamifera） ·芫荽（Coriandrum sativum） ·穗甘松（Nardostachys jatamansi） ·馬鬱蘭（Oreganum majorana） ·岩蘭草（Vetiveria zizanoides） ·高地牛膝草（Hyssopus officinalis decumbens）
5-10 完成任務	·找出自己的使命，但無懷性需人際關係	·完成具有道精神的任務	·讓別人注意自己評論 ·把注意力放在別人的弱點上，以隱藏自己的弱點	·一直覺得自己必須做出「犧牲」 ·相信自己必須在發展事業與享受愛情之間做選擇	·很有吸引力 ·態度肯定 ·不斷為對方說的話作解釋 ·提供建議 ·只說不聽 ·假裝在聽但其實沒有聽進去	·必須選擇 ·沒有完成該做的事就死了 ·被人評論 ·受到排斥	·具有前瞻性 ·前衛的思想	·我知道	·西洋蓍草（Achillea millefolium） ·檀香（Santalum album） ·乳香（Boswelia carterii） ·欖香脂（Canarium luzonicum） ·落葉松（larix europea）

張力	潛力	本質	防衛機制	陷阱	溝通方式	五角星主人最想避免的事	優點	自我形象	建議使用精油
5-7 生存的本能	·「展現放手的能力」 ·擺脱執念	·世傳的本領	·堅持 ·扮演受害者的角色 ·採取專橫的姿態 ·生氣	·以為什麼都得到了 ·停滯不前 ·以為自己握有真相 ·以為自己成功了	·命令式 ·建議 ·提議 ·擺出威嚴	·退卻 ·必須為自己的行動辯解 ·被別人認為自己很「弱」	·勇氣 ·有能力進入全新的領域 ·樂天 ·樂觀	·我知道，神明特別眷顧我	·穗甘松 （Nardostachys jatamansi） ·絲柏 （Cupressus sempervirens） ·義大利永久花 （Helichrysum italicum） ·芫荽 （Coriandrum sativum） ·大馬士革玫瑰 （Rosa damascena）
4-8 擺脫反覆灌輸的模式	·「消化」自身的經驗 ·轉變來自教育強加的信念	·明確、和諧與美 ·有待喚醒的創造力	·退到內心世界 ·記仇 ·思前想後 ·完美主義	·讓過去的經驗阻擋了自己的前途 ·狀況沒有弄清楚就加以解釋	·謹慎 ·解說 ·制式反應 ·中立 ·完全被情緒淹沒	·受到批評、評論 ·失去控制 ·無法肯定什麼	·責任感 ·可靠 ·很有方法	·如果我沒有扮好自己的角色，其他人就不會再愛我	·甜茴香 （Foeniculum vulgare dulce） ·檸檬羅勒 （Ocimum citratum） ·檸檬香桃木 （Ocimum basilicum var.citriodorum） ·羅馬洋甘菊 （Anthemis nobilis） ·德國洋甘菊 （Chamomilla matricaria）

張力	潛力	本質	防衛機制	陷阱	溝通方式	五角星主人最想避免的事	優點	自我的形象	建議使用精油
3-9 生出信心	・生出信心 ・培養判斷力 ・學習託付	・把構思的能力轉變成才智	・分析 ・論說 ・想要控制一切 ・藏在頭腦-智能的背後 ・太快做出投射	・因為執意掌控而筋疲力竭 ・以自我為中心 ・相信世界少了我們就不會轉了 ・高估頭腦的能力	・教訓人 ・解說 ・聆聽 ・具有整合的能力 ・謹小慎微	・不被尊重 ・失敗 ・沒有受到肯定 ・自己的能力受到懷疑	・可靠 ・全心投入	・我知道、而且我有策略	・欖香脂 （Canarium luzonicum） ・檀香 （Santalum album） ・依蘭 （Cananga odorata） ・佛手柑葉 （Citrus aurantium bergamia） ・乳香 （Boswelia carterii） ・沒藥 （Commiphora myrrha）
2-10 心靈的進化	・察覺宇宙微妙的維度 ・開放的心靈	・在可見與不可見、可觸與不可觸之間，搭起連結的橋樑	・理智化 ・沒耐心 ・惱怒、煩躁 ・辯解 ・論證 ・採取自戀的姿態	・想法不受讚同時，會把自己封閉起來 ・把思考觀念與心胸開放混為一談 ・以為掌握了真相 ・拒絕質疑自己的想法與信念 ・精神上以自我為中心 ・自以為掌握了心靈層面最重要的部分而停滯不前	・情感豐沛 ・聆聽 ・迷失在解說之中 ・混亂而沒有條理 ・搪塞 ・模糊	・不被人相信 ・別人的評價 ・被人認為可笑 ・不受尊重 ・被人看穿	・承認智力無法理解的存在 ・想像力 ・感應力	・我看見、我感覺到、我知道	・岩玫瑰 （Cistus ladaniferus） ・胡蘿蔔籽 （Daucus carota） ・大西洋雪松 （Cedrus atlantica） ・乳香 （Boswelia carterii） ・玫瑰 （Rosa damascena） ・莎草 （Cyperus scariousus）

張力	潛力	本質	防衛機制	陷阱	溝通方式	五角星主人最想避免的事	優點	自我的形象	建議使用精油
11 學會做出選擇	・實現自己的野心 ・凡事堅持到底	・猶豫不決 ・完美主義 ・為了細節煩惱	・採取被動的姿態	・過度的野心加上完全無法做出選擇	・有時猶豫有時急躁	・缺乏使命感 ・害怕無法完成訂定的目標 ・失敗	・聽取別人的建議	・我有道理	・穗甘松 （Nardostachys jatamansi） ・絲柏 （Cupressus sempervirens） ・黑胡椒 （Piper nigrum） ・廣藿香 （Pogostemom patchouli）
22 克服疑慮	・直覺 ・能在交談中察覺沒有說出口的內容	・懷疑 ・分析 ・反省	・易怒 ・自戀 ・妄想 ・製造偏見	・有時會採取注重實效的態度，將自己迷失在哲學性的思考當中 ・常常很沒自信，但卻把自己的認知視為絕對真理	・會先高估女性，然後再斷然加以指責	・聆聽 ・情感豐沛 ・當有哲學氣息 ・不斷為自己辯解 ・搪塞 ・複雜	・在壓力之下工作 ・緊張 ・沒有跟上事件的腳步 ・培養信心與感激 ・不要執意什麼都得了解	・我必須了解	・佛手柑 （Citrus aurantium bergamia） ・橘 （Citrus reticulata） ・柑橘類葉片 ・歐洲冷杉 （Abies alba） ・藍雲杉 （Picea pungens） ・莎草 （Cyperus scariousus） ・依蘭 （Cananga odorata） ・沉香醇羅勒 （Ocimum basilicum） ・玫瑰天竺葵 （Pelargonium roseum）

La pentanalogie miroir du destin

張力	潛力	本質	防衛機制	陷阱	溝通方式	五角星主人最想避免的事	優點	自我的形象	建議使用精油
33 和諧地溝通	· 知道如何溝通	· 挑釁 · 說個不停 · 不當一回事	· 分散精力 · 光說不練	· 一直很想溝通但又不聽別人說	· 笨拙 · 不願聆聽 · 打斷別人說話	· 幾乎所有的限制 · 接受指令 · 服從	· 發展聆聽的能力 · 培養紀律	· 我很有活力	· 格陵蘭喇叭茶 （Ledum groenlandicum） · 胡蘿蔔籽 （Daucus carota） · 真正薰衣草 （Lavandula angustifolia） · 檀香 （Santalum album） · 豆蔻 （Eletteria cardamomum）
44 管理時間與空間	· 具體實現夢想	· 完美主義 · 非常需要確信 · 給予周圍的人壓力	· 完美主義 · 過度執著精確度 · 迷戀安全感 · 對別人員有不現實的期待 · 最需要安全感	· 一方面非常需要實現自己所有的野心，另一方面則是遇上不自在的狀況時，滯不前，因為害怕失敗	· 以高標準與愛挑剔的態度面對交談的對象 · 明確 · 講究實務 · 直接、不浪費時間	· 匱乏 · 物質上的束縛 · 缺乏時間與空間 · 失敗	· 發展信心 · 面對收穫要懷抱感激	· 我會付責任	· 墨西哥沉香 （Bursera penicilata） · 豆蔻 （Eletteria cardamomum） · 欖香脂 （Canarium luzonicum） · 落葉松 （Larix Europea） · 阿米香樹 （Amyris balsamifera） · 喜馬拉雅冷杉 （Abies spectabilis）

張力	潛力	本質	防衛機制	陷阱	溝通方式	五角星主人最想避免的事	優點	自我的形象	建議使用精油
55 建立愛的關係	·發展出同理心與同情心 ·能把自己放在別人的位置上	·逃避衝突 ·遇上衝突就結束一段關係 ·捍衛自己的自由	·過度依戀自由 ·採取獨行俠的姿態 ·相信自己很特別，屬於脫離社會的人	·夢想擁有偉大的愛情、友誼和獨一無二的特性，同時又怕失去自由	·常常會被情緒淹沒 ·非常敏感 ·很難控制情緒	·失去自由 ·必須和那些不尊重他的自由重視的人在一起	·培養信任 ·不要執意需求自由 ·在人際關係上要學著讓步	·我是不一樣的	·高地杜松 （Juniperus communis, var. Nana） ·穗甘松 （Nardostachys jatamansi） ·岩蘭草 （Vetiveria zizanoides） ·黑胡椒 （Piper nigrum） ·加州胡椒 （Schinus molle） ·白松香 （Ferula galbaniflua） ·檸檬薄荷 （Mentha citrata） ·加拿大鐵杉 （Tsuga canadensis）
66 感受家庭	·為周圍的人創造出受到保護、享有特殊利益的環境	·頑強 ·反省 ·做出違背心意的妥協	·依戀安全感 ·對他人的期待很高 ·害怕失去自己經有的而做出妥協 ·製造出有依賴性的人際關係	·一方面愛挑剔，標準很高，另一方面又不斷妥協，因為少什麼，缺什麼，或是失去已經擁有的	·以自我為中心 ·有涉入別人生活的傾向 ·一直以全副心力捍衛自己的家人，使他們的優點受到重視	·對物質與感情的依賴 ·失去已有的	·放手 ·保持適當的距離 ·培養感激與信心	·我看得很清楚	·甜茴香 （Foeniculum vulgare dulce） ·羅文莎葉 （Cinnamomum camphora） ·髯花杜鵑 （Rhododendron anthopogon） ·岩玫瑰 （Cistus ladaniferus）

張力	潛力	本質	防衛機制	陷阱	溝通方式	五角星主人最想避免的事	優點	自我的形象	建議使用精油
77 美麗的生命	·把普通的轉變成傑出的	·扮「小丑」 ·愉樂大眾 ·撥開「複雜」的談話	·由於不斷把注意力放在特殊的事物上，以至於忘了欣賞日常生活給予的禮物 ·懷著不現實的理想 ·把藝術與所有不守成規的事物都加以昇華	·儘管十分渴望進化，但卻有重蹈覆轍的傾向，因為沒有從過去汲取教訓 ·由於一直專注於理想，以至於很難接受事物本來的樣貌	·情感豐沛、富哲學氣息、直觀的 ·專注於未來 ·不在乎群體的規則	·平凡 ·缺乏使命感 ·缺乏啟發 ·受限於群體的規矩	·欣賞單純 ·對生命中單純的事物生出喜悅與感激	·我不守成規	·大高良薑（Alpinia galanga） ·檀香（Santalum album） ·德國洋甘菊（Chamomilla matricaria） ·喜馬拉雅冷杉（Abies spectabilis） ·月桂（Laurus nobilis）
88 愛、愛、愛	·散播愛與智慧	·為自己辯解 ·掩飾真相 ·採取圓滑的姿態	·犧牲自己的需求只希望一切會有改變 ·怕被排斥所以隱藏自己的期待	·夢想偉大的愛情但又懷疑它是否真的存在	·熱情 ·興致勃勃 ·樂於助人 ·合群	·孤獨 ·被排斥	·培養同理心、慷慨與勇氣	·我愛	·大馬士革玫瑰（Rosa damascena） ·乳香（Boswellia carterii） ·玫瑰天竺葵（Pelargonium roseum） ·高地牛膝草（Hyssopus officinalis decumbens） ·真正薰衣草（Lavandula angustifolia） ·佛手柑葉（Citrus aurantium bergamia, fe）

張力	潛力	本質	防衛機制	陷阱	溝通方式	五角星主人最想避免的事	優點	自我的形象	建議使用精油
99 頭腦最重要	・把構思的能力轉變成才智	・論說 ・分析 ・不當一回事 ・不願聆聽	・只接受頭腦可以理解的，至於頭腦無法理解的，一概拒絕	・想要接收最大程度的知識，但又拒絕聆聽與接受提議 ・口頭上應付，但其實沒有聽別人說話	・沒有把話聽完就反駁 ・制式的溝通策略，不會隨著談話對象的不同而改變	・別人沒有把他的話聽進去 ・被排斥 ・沒有辦法說服周圍的人 ・別人不尊重他	・有些事就算無法用頭腦理解他要接受 ・培養信心 ・把話聽聽完	・我具有整合的能力	・岩蘭草 （Vetiveria zizanoides） ・白松香 （Ferula galbaniflua） ・快樂鼠尾草 （Salvia sclarea） ・德國洋甘菊 （Chamomilla matricaria） ・莎草 （Cyperus scariousus）
1010 具有喜愛複雜事物的本事	・發現自己的力量	・挑釁 ・詰問 ・為了知道什麼是真的而說反話 ・為自己辯解 ・擺布他人	・由於笨拙、挑釁，而失去自己有的 ・把自己藏在哲學性的思想與話語中	・想要實現某個使命但又不願投入 ・對於權勢又愛又怕	・在試著隱藏自己的恐懼時會表現得特別肯定 ・看起來很快樂但溝通意思有表現出真正的自我 ・大家覺得他很複雜	・落入陷阱 ・順從他人 ・受人擺布	・消除對父親與男性的敵對狀態 ・呈現真相 ・培養信心 ・聆聽	・沒有人了解我	・檸檬 （Citrus limonun） ・高地牛膝草 （Hyssopus officinalis decumbens） ・藍雲杉 （Picea pungens） ・穗花薰衣草 （Lavandula latifolia） ・豆蔻 （Eletteria cardamomum） ・廣藿香 （Pogostemom patchouli）

學習與感謝

所謂學習，就是忘掉你所學的。

阿難陀吉梨（*Anandagiri*）

五星能量術幫助我們看清自己的真相，知道自己是什麼樣的人。所謂自由，就是接受了全部的自己，把自己，與我們執意相信的「理想的自己」，區別開來。

只要心裡仍然在為愛、和平，或幸福，尋找某個符合理想的目標，而且不論是以感情或理智的狀態尋找，人就會一直困在自我的牢籠中。只有當人總算接受了自己，終於能夠完全與自己這個人和諧共處時，他才能接受別人、為別人付出愛，而不會想要改變別人。這樣，我們就可以進一步以信任、感激與愛為基礎，來建立彼此的關係。

接受自己是邁向進化之路的第一步。人越進化，就越能解除既定的觀念與思考模式，也越能丟棄意識形態中扭曲的部分，因此靈性的本質得以甦醒、綻放。

五星能量術讓我更了解自己的經歷與痛苦，使我能接受他人—生命機制與我完全不同的個體，還讓我進一步認清了什麼是「道路」，也就是「任務」。

「接受」有助於活在當下，放下自己的過去，認出我們的存在其實具有好幾面。若能意識到我們的真相並接受它，就能摒棄自我（ego）。

進化屬於每個人最基本的需求。發現真相能讓人成長、提高悟性的程度、有

助於做出更多貢獻。

如此一來我們無須原諒就能接受，因為與原諒連在一起的是罪惡感。「原諒」是對過去的留戀，會妨礙我們享受眼前時光的滋味。如果我們可以單純地看到、認識到這個人，而心裡沒有想著我必須了解這個人，那麼我們就能從對與錯的兩極性中解放出來。只要我們還在尋找原諒，就會一直禁錮在二元對立中。

與自己和他人和解，能為生命帶來和諧、為過去帶來寧靜，把我們固定在眼前的時刻。

以下幾位是我想在本書中特別感謝的對象：

Krishnaraj，第九型，合一大學（Oneness university）指導師。你傳遞學問與智慧的能力令人讚嘆，擁有將難以理解的事物變得親切的技巧。

Filippo，要不是你屬於第十型的話，也許永遠不會成為心胸開闊、又如此特殊的工程師。

Jacqueline，身為第十型，你的直覺讓你預先看到了我尚未開展的道路。

我要向開創了我們的源頭致謝，它使我們能夠獲得「生命」這美妙的體驗。感謝阿瑪巴觀（Sri AmmaBhagavan），她知道如何啟發我並督促我成長。

綠蒂亞，第九型

La pentanalogie miroir du destin

La pentanalogie miroir du destin

國家圖書館出版品預行編目資料

五星能量術與芳香療法全書 / 綠蒂亞.波松著. – 初版. – 臺北市 : 商周出版 : 家庭傳
媒城邦分公司發行, 民102.04
　　面；　公分. – (Complete ; BE2027)
ISBN 978-986-272-356-2(平裝)

1.命書 2.芳香療法
293.1　　　　　　　　　　　　　　　　　　　　　102005801

BE2027
五星能量術與芳香療法全書

作　　　　者	綠蒂亞‧波松	
譯　　　　者	馬向陽	
原 文 書 名	La pentanalogie miroir du destin	
責 任 編 輯	張曉蕊	
校　　　對	吳淑芳	
行 銷 業 務	周佑潔、張倚禎	
總 編 輯	陳美靜	
總 經 理	彭之琬	

發 行 人	何飛鵬
法 律 顧 問	台英國際商務法律事務所
出　　　版	商周出版
	臺北市中山區民生東路二段141號9樓
	電話：（02）2500-7008傳真：（02）2500-7759
	E-mail：bwp.service@cite.com.tw
發　　　行	英屬蓋曼群島商家庭傳媒股份有限公司城邦分公司
	台北市104民生東路二段141號2樓
	電話：(02)2500-0888傳真：(02)2500-1938
	讀者服務專線：0800-020-299　24小時傳真服務：02-2517-0999
	讀者服務信箱：service@readingclub.com.tw
	劃撥帳號：19833503
	戶名：英屬蓋曼群島商家庭傳媒股份有限公司城邦分公司
訂 購 服 務	書虫股份有限公司客服專線：(02)2500-7718；2500-7719
	服務時間：週一至週五上午09:30-12:00；下午13:30-17:00
	24小時傳真專線：(02)2500-1990；2500-1991
	劃撥帳號：19863813戶名：書虫股份有限公司
香港發行所	城邦（香港）出版集團有限公司
	香港灣仔駱克道193號東超商業中心1樓
	電話：（852）2508-6231傳真：（852）2578-9337
	E-mail：hkcite@biznetvigator.com
馬新發行所	城邦（馬新）出版集團
	【Cité (M) Sdn. Bhd. (458372U)】
	41, Jalan Radin Anum, Bandar Baru Sri Petaling,
	57000 Kuala Lumpur, Malaysia
	電話：(603)90578822　傳真：(603) 90576622
印　　　刷	韋懋實業有限公司
總 經 銷	高見文化行銷股份有限公司
	電話：(02) 26689005　傳真：(02) 26689790　客服專線：0800-055-365

ISBN 978-986-272-356-2 (平裝)　　　　版權所有‧翻印必究（PrintedinTaiwan）

2013年(民102)4月初版　　　　　　　　　　　定價／380元
2021年(民110)2月18日初版5.8刷

城邦讀書花園
www.cite.com.tw

書號：BE2027　書名：左電能書海術亦若被泛名事

- -

104　台北市民生東路二段141號2樓

遠流博識網客服信箱傳真或有限公司地址及公司　收

讀者回函卡

感謝您購買我們出版的書籍！請費心填寫此回函卡，我們將不定期寄上城邦集團最新的出版訊息。

姓名：_____

性別：□男　□女

生日：西元　_____年　_____月　_____日

地址：_____

聯絡電話：_____　傳真：_____

E-mail：_____

職業：□1.學生 □2.軍公教 □3.服務 □4.金融 □5.製造 □6.資訊
□7.傳播 □8.自由業 □9.農漁牧 □10.家管 □11.退休
□12.其他_____

您從何種方式得知本書消息？
□1.書店 □2.網路 □3.報紙 □4.雜誌 □5.廣播 □6.電視 □7.親友推薦
□8.其他_____

您通常以何種方式購書？
□1.書店 □2.網路 □3.傳真訂購 □4.郵局劃撥 □5.其他_____

您喜歡閱讀哪些類別的書籍？
□1.財經商業 □2.自然科學 □3.歷史 □4.法律 □5.文學 □6.休閒旅遊
□7.小說 □8.人物傳記 □9.生活、勵志 □10.其他_____

對我們的建議：

_____

_____

_____

_____

La psychanalyse miroir du destin

La psychanalogie miroir du destin